「倭国」の誕生

「倭国」の誕生

崇神王朝論

仲島岳

海鳴社

扉：『宋書』倭国伝より

はじめに――「古代天皇家」が朝鮮半島由来の渡来勢力であること

本書は、私仲島にとって、二冊目の古代史本である。一冊目の『古代天皇家と『日本書紀』1300年の秘密』（WAVE出版）では、私が二十代半ばに遭遇した石渡信一郎《いしわたりしんいちろう》（1926年～2017年）という稀代の歴史家の古代史理論を噛み砕きつつ、独自の解釈で縦横に論じてみた。そして「新旧二つの朝鮮半島渡来勢力」を説く石渡説の正当さをダメ押しするべく、新しい知見もずいぶんと語ったつもりである。石渡説では、第一段として半島における現在の慶尚南道金海《きんかい》（キメ）市あたりにいた加耶《かや》系の任那《みまな》勢力が、第二段として半島西南部の百済《くだら》勢力が、それぞれ4世紀半ばと5世紀後半に日本にやってきたことを精緻に論証しており、古代史ファンに衝撃を与えてきた。

現在の上皇陛下が2001年に「ゆかり発言」▲注をされたように、皇統レヴェルで古代から倭韓が交差していたことは明らかで、私は石渡理論を踏まえ、そのことを「倭韓交差王朝説」と命名し、今日まで発信してきた。そしてまた、大量の渡来者たちが日本列島にじかにやってきているということも、種々の研究成果で明らかになりつつある。

本書ではこの石渡が説く「新旧」渡来勢力のうちの「旧」、すなわち「加耶系（とくに任那系）」勢力のことを主に俎上《そじょう》にのせて、その由来と行方をつぶさに探るものになっている。逸早く予告するなら、任那系のこの渡来勢力が4世紀半ばには北部九州から瀬戸内海ルートを経て畿内に到り、奈良盆地東南部の三輪山西麓《みわやませいろく》において、古代ヤマト王権すなわち「倭国」（『宋書』倭国伝）を建設した、ということになる。さらに言えば、その「渡来王」は、第十代天皇とされる崇神《すじん》天皇である――。

この結論に到達するまでには「前史」を語る必要が大いにあり、そこを展開し検証しなければならない。それが本書の試みということになる。

たとえば、日本のそして東アジアの古代史や科学史一般にそこまで通じていない人でも、話をふれば、「日本人の起源」というような「大きな物語」に対して、目を輝かせて話に乗ってくることがある。しかも日本人の一般教養が行き届いてきたおかげなのか、日本列島には縄文人のあとに弥生人が来た、などという人類学や考古学に関連する話もまたずいぶんと浸透してきているのさえ感じる。現状、それらの隣接学問が補いあいながら、遺伝子研究が新エースよろしく進歩した。現生人類の大移動については、幾つかの有効な仮説がこの遺伝学からも提起されているのは周知のことであろう。最新学説では、「アフリカ起源」の現生人類は、ついに「出アフリカ」を敢行し、そのうちの大きなひと筋は東南アジアに移住し、そこからさらに北方へと移動していったというような有力説も認められている。氷河期には海水面がずっと低かったため、日本列島への人類の移動もじゅうぶん可能であったし、人類ばかりかナウマンゾウのような巨大な野生動物たちもが列島に渡ってきたこともよく知られている科学的事実だろう。

日本列島の、とくに島々を意識して、作家・島尾敏雄《しまおとしお》はかつて「ヤポネシア」なる造語を創出したものだが、ヤポネシア＝列島は極東に位置し、動植物も人びともまことに幸《さきわ》った国であった。

――日本人は、ヤポネシア人。もしこれゆえに「日本人の起源」ではなく、「ヤポネシア人の起源」と表現するのなら、自由な太古の息吹をそんな島々の名に覚えるのではないか。そして風が吹き抜けるようなロマンすらその島のクニと人びとに対して、いっそう感じるのではないだろうか？　吉本隆明《たかあき》はこの造語と概念がいたく気に入っていたようで使用することにまったく躊躇がなかったほどだ。この「ヤポネシア」は、海からやってきた様ざまな「ルーツ」を持つ各時代の渡来人たちにとって、穏やかな地上の楽園に見えたであろうし、自らの生の場所としても、また終《つい》の棲家《すみか》としても、選んで甲斐ある「約束の土地」だったはずだ。

この「日本人のルーツ」だったり「古代天皇家（大王家）のルーツ」について、石原慎太郎のような大御所も、以下のようなオーソドックスで常識的な見解を示している。

われわれの民族的ルーツは東西南北あちこちに散らばっている。中国、朝鮮半島はもちろんのこと、北はシベリア、モンゴルから南はポリネシア、メラネシアにまで及ぶと見られている。日本は多種多様な民族を融合して出来上がった国なのであって、天皇家も朝鮮半島にルーツがあることは、誰しもが認めているところだ。

（「文藝春秋」２０１６年九月号「日本は『白人の失敗』に学べ」）

こうした民族融合の歴史観が行きわたってきたのは科学的な研究が進んだおかげなので、日本人の「単一民族起源」論がほぼなくなったのはありがたいところなのだが、といっても「古代天皇家

（大王家）」の成立過程は相変わらず謎めいたままである。そして、戦前のような「皇国史観」から解放されているように見えても、相変わらず「ヤマト中心主義（史観）」も根強く、実はそこまで歴史教科書の内容も変更されていない（たとえば5世紀の「倭の五王」の比定問題など昔のまんまで、不合理な「武＝雄略天皇」という等式のままで足踏みをつづけている）。

そこで、本書に登場してもらう第一のキーパーソンがいる。東アジアの古代史（とくに2～3世紀）には、あの「邪馬台国の卑弥呼」のほかにもうひとり〝古代史のスター〟がいて、それが「辰王《しんおう》」という名の統治者であった。辰王は、朝鮮半島に「ネットワーク」を有していたと捉えられているほどの大立者《おおだてもの》であり、半島南部のいわゆる「三韓《さんかん》（原三国）」（馬韓《ばかん》、辰韓《しんかん》、弁韓《べんかん》）で勢威を誇っていた。東洋史学の大家で「騎馬民族征服王朝説」を唱えた江上波夫《えがみなみお》（文化勲章受章者）は、この辰王の系譜がやがて来倭し、ヤマト王権を建設した——というふうに展開したものである。ただ当時の研究成果では「情報のピース」が足りず、いかにも取ってつけたようなところがあったのは否めない（私もこの説は参考にはするが、採用はしない）。辰王には意外と実務色も強く、実在とその活躍ぶりは確実なのだが、最期は曖昧だ。実際に「辰王問題」という呼称があるほどに東アジアの古代史では重要な主題になりえている。そこに各歴史資料を照合し重ねてゆくと一つのまぎれもない「ストーリー」はできるのだ。

そして、辰王問題とちょっとかぶるかのように「倭問題」もしくは「（原）倭人問題」としてまとめられうるさらに重要な研究テーマが、3、4世紀の古代史には潜在している。古代日本の名としてあまりにも有名な「倭」であるが、この倭は〝歴史地図〟上には中国大陸や朝鮮半島にも実は見えているのである。そのため、かつては歴史学をはじめ隣接科学の大家たち（たとえば上田正昭、大林太良、上原和、久野収、佐々木高明ら各氏）のあいだでも普通に「大問題」であった。だからこそ「半島や大陸にもいた倭人（原倭人）」の位置づけをめぐっては活発な議論もあったのだが、いつのまにか「問題」は片づけられてしまい、音なしになってしまった。現代でも中沢新一のような鬼才が問題提起をしてくれているようにも感じるけれど、弥生時代の「海民としての倭人」という観点に加え、彼ら倭人たちが形成した民族やクニの行方を追うのは古代史解明の絶対条件である。

本書では謎のヴェールに包まれつづけてきた「古代王権の誕生」、すなわち古代国家としての「倭国」の誕生までをどうにか通時的に見定めるつもりだ。幾つかの古代王権、小さな政体が登場してきて、それらが結ばれ、交差《クロス》し、離反する。そんなクロスポイントの時点を押さえるのが眼目だ。本当に「古代天皇家」が朝鮮半島由来の渡来勢力であるとするのなら、どれだけ具体的な成立過程、発展過程が見えてくるのか、本書はその長編探求譚である。

史実の謎解きを具体的にぐいぐいゴリゴリ進めてゆく——しかも、執拗に——というのが私の領分だと思っているので、本書がそんな「歴史と推理の旅」のありようになっていて、読者に何度か膝を打っていただけるようならば、執筆者の冥利につきるところである。

▲注……平安京に遷都したことで有名な第五十代桓武天皇の生母の高野新笠（たかののにいかさ）が、第二十五代の百済王・武寧王（ぶねいおう）の血筋の女性だったことが『続日本紀』に記されていた事実に対し、当時の天皇陛下が「韓国とのゆかり」を感じますと誕生日会見に際して述べられたこと。

【目次】

第3章　半島南部にて
――「倭韓」国家成立までの「動乱の3世紀後半」……125

第4章　邪馬台国の終焉と「日神」の渡来勢力
――海から来たヤマト王権＝「倭国」

終　章　これが天皇家の「秘密」だ！
――皇統譜「たったひとつの冴えたやりかた」

プロローグ——古代史版〝パラダイムシフト〟のために

「渡来人の受容」にとどまる学界と教科書史観

昔むかしの十代の私は、「人類の起源」や「日本人＝ヤポネシア人の起源」のような科学的な問題よりも、いわゆる「歴史のロマン」やその物語性にまずは惹かれていったものらしい。思い返せば、手塚治虫の『火の鳥』には古代を扱ったものも多かったし、司馬遼太郎や山岡荘八を通じて戦国・幕末期の面白さにものめりこんでいった。それが途中からなにやら逸脱し、漱石や梶井基次郎や伊藤整《ひとし》、中村真一郎、マン、プルーストの好きな、すかした高校生になっていった。

今から考えると十代後半ではずいぶん文学や哲学にそれこそ淫していたものだと思うけれども、90年代にたまたま入社した「社会派」の出版社において、当時よりロングセラーとなっていた石渡信一郎の古代史学と、その担当者だった林順治（現・歴史作家）に編集部の上司部下として遭遇した。はっきり言えば旧左翼のガチガチの出版社（三一書房）ではあったが、ノンポリの私が採用され、入社したわけだ。私は仕事の上ではサブカルチャー系の本を自由に担当させてもらうことが多くなっていったものの、心の眼はいつも人文科学に向いていたし、またそんな人文科学の眼でサブカル全般を見つめ返していたとも言える。ベストセラーもつづけて出せた私はなんとか出版の世界に「居場所」を得た。そこから二十代後半の私は石渡史学を通じて古代史の世界をぽつぽつかじるようになってゆき、ある時期を境に、その探究に急旋回していった。

社は歴史も長い老舗《しにせ》の出版社でもあったしで、当然、石渡本ばかり刊行しているわけもなく、他の多くの考古学者や古代史学者の書籍や硬い史料集も刊行していた（ビッグネームも含まれていた）。

受験のために高校日本史を山川の教科書で必死に勉強して以来のこととして、歴史に急カーブで親しんでいた当時二十代後半の私は、他の一般的な古代史研究にも客観性を担保する意味もあって同時にふれていった。ひとわたりそうした多種多様なものを読み進めていった私が、その上でいだいた日本古代史研究、考古学研究の正統についての印象・感想は、「壁にぶつかっている」というものであった。「壁」――これはもう、たとえば中世研究はその精華が八〇年代に見事に花開いていたのと引き比べて歴然だった（なにせ1991年度の私の入社試験ですら、網《あみ》野《の》善彦《よしひこ》の作品について論評させる問題が出ていたほどで、中世研究はいかにも華麗に進展していたのだ）。そんな「シン・中世史」では、定住ではなく移動する主体をめぐってドラスティックな研究が推し進められていたというのに、古代史のほうでは定住者・在地の者のまさにドメスティック（国内的）な歴史のみが紡がれている印象だった。

　縄文やら弥生やらの諸領域や各部門では個別に研究も進んで好材料は多いのに、総体として日本列島への移住者たちと「古代天皇家」とのあいだにまったくもって脈絡をつけられておらず、「ヤマト王権の誕生」に迫りきれていない、という点がひときわ鈍く感じさせられたのである。この移住（者）という言葉がパッとしなければ、従来どおり渡来（渡来人）という言葉を使ってみよう。日本列島（ヤポネシア）には、太古からいろいろな渡来人たちがやってきている。列島は移住者、渡来人たちの楽園、つまりまさに「幸《さきわ》ふ国」（『万葉集』）なのである。

　ただこの「渡来人」なる言葉は古代史ならではの用法であって、渡来人は「渡来者」と呼びかえたほうがもはや正確であろう。今の教科書を見ると、渡来者たちは「渡来人」の枠に押しこめられ、せいぜいが高度な文化と先進技術を所有した専門集団として政権内に制度的に受容された——というようなレヴェルの話にすっかり矮小化《わいしょう》化されてしまっている。

ユーラシア大陸の極東に日本海をはさんで日本列島があって、「西から東へ」と文化の流れが進んできたというのが古代日本の真理である。3世紀という大昔にいきなり在地系の「ヤマト」(奈良盆地東南部の三輪山西麓《せいろく》)が日本列島の政治的中心となって、西南日本や東日本に号令をかけるようになった、などと、どうして信じることができようか? 政治や文化の漸進《ぜんしん》性にはそれなりの順番があるはずなのだ。この来歴を無視したような古代史学における思いこみこそ「はじめに」でもふれた「ヤマト中心主義」にほかならない。石渡信一郎はこう明瞭に語っている。

「大和中心史観」は、古代の日本国家の形成が朝鮮から渡来した人々とは関係なくおこなわれたとし、大和に生まれたヤマト王権もしくはヤマト政権が弥生時代もしくは古墳時代の初めから日本列島を支配していたと考える史観である。現在の日本の古代史学者や考古学者は、この「大和中心史観」にとらわれているため、細かい部分の研究は進めることができていても、その成果を利用して、古代の日本を明確に描き出すことができない。
(『百済から渡来した応神天皇』)

こうした状況をただ普通に戻し、より合理的で確実なほうの解釈を選び取って、「シン・古代史」を捉え返したいというのが、私たちの素直な渇望であり、この著作の眼目である。

「日本人のルーツ」はいっぱい

渡来者について、また別の観点で言ってみよう。

たとえばこの数年、世はいつにも増して「縄文ブーム」だ。三内丸山《さんないまるやま》遺跡（青森市）や尖石《とがりいし》遺跡（茅野市）から発掘され出土したような魔術的でダイナミックな縄文土器や遺物は国宝指定されたものも多く、展覧会も盛況である。たしかにあっぱれなものばかりで縄文のヴィーナスのような表現力はことに私も大好きだ。狩猟採集民として厳しい自然と共生しながら豊かに暮らしていたその姿やイメージは素晴らしい「浪漫」そのものである。ただ、そうした牧歌的なロマンあふれる縄文ワールドの地点から、キナ臭い話も時折、利用されるのもまた「あり」なのだ。すなわち「縄文人」のDNAこそが日本人の多くが持つ「日本人の起源」であるとし、大陸・半島を通じてやってきた大量の弥生人たちの遺伝子や形質が二の次になってしまうような言説と傾向が、現状には潜在している（考古学者の吉田泰幸はこれらを、《歴史の古さに価値を置く原初主義、自分たちのルーツを強調する歴史主義》などと「朝日新聞」紙上の縄文記事でうまくまとめてくれていた）。

どうしてもそうした不健全な観念の潜行には違和感を持たざるをえない。この「縄文びいき」の裏側にはどうやら一部の嫌韓的・嫌中的なヘイト感情と心理的な防衛機制もあるようなのである。

実際に旧石器時代にいずこからか列島にやってきた渡来民たちこそが根づき、彼らが縄文人の基礎となっていって、次なる弥生渡来人たちと通婚・混血し、「和人」になっていったのだという最新の分子生物学からのお墨付きもある。そこに一部の偏向した日本人たちがことさらアイデンティティーを求めてゆくというのはちょっとどうなのか？と思うしかない。昨今の「日本すごいぜ！ニッポンマンセー」風の意識の根源には、この長らくの嫌韓嫌中感情と内向きになった現代日本人のメンタリティーが反映されすぎているようである。北朝鮮の野蛮な独裁国家ぶりは言うに及ばず、昨今の韓国の迷走ぶりと中国の横暴さもたしかに眼を覆うばかりのひどすぎるものではあるけれど、それと学究が取り組む「ルーツ」の問題はまったくの別物である。もっとはっきり言えば、現代韓国人たちは、古代の三韓人たちとまったくの別物ではないか！

弥生人ではなくて縄文人が「日本人のルーツ」であるなら、さらにその前の旧石器時代人だって日本人のルーツであり、むろんのこと紀元前の弥生人（たとえばBC5世紀前後やBC2世紀など）もまたそのルーツにちがいない。いわんや本書で主に取り上げる4世紀にやってきた古墳時代人（渡来勢力）だって、われわれの立派な先祖であり、ルーツそのものだ。

くどいようだが、弥生人も渡来人ならば、縄文人も渡来人であり、旧石器人もまた渡来人なのである。日本列島にやってきた古代の「渡来人」たちは、皆、等価値なはずである。起源が古いほうがいいというなら、どこまで遡行《そこう》すればいいのかという話になる。どうしても時代相や気候風土にも渡来人たちにとって差異があるし花開いた「文化」の様相も異なるために、好き嫌い、もっと言うと偏見・バイアスも生じやすいだろう。けれど渡来人たちのあいだにあえて重要度の尺度を持ちこみ、その強弱や大小を考えるとするなら、本来的には「移住人口」の多さという点につきるのではないか。なんせその大量ぶりが骨の形までをも変えてゆくというのであるから。すなわち、「渡来人」ならぬ「渡来者」（移住者）たちの数がもっとも多いのは弥生時代以降における中国大陸・朝鮮半島系からの人びと——北方要素だけではなく南方要素も持った「倭人」にほかならない。にもかかわらず、縄文人のＤＮＡこそが日本人の正統だと言わんばかりの理屈があるのはいかにも大人げなく、矛盾と錯誤を思わせるだけである。

　このように、弥生時代以降の渡来者（渡来民）たちの大きな人口数値がまるでなかったかのように見すごされているのは奇妙だしフェアではない。この「弥生渡来人」としての「倭人」たちこそが最大多数派を形成しているはずなのだ。こうした移住者たちの総人口の多さが絶対的に軽視（看過）されているという問題が、常識に反して古代史研究の中心に横たわっている。それにまた古代（とくに4世紀から7世紀にかけて）に到来した数十万人にも及ぶ渡来者——ひと口に言えば、半島経由の古墳時代人たち——の勢力も、現在に生きる日本人たちのまさに「ルーツ」にほかならないわけなのだが、彼らは文化・技術の運び手、王権の担い手としてその職能を重視されてはいても、単なる「渡来人」として（一等下に）位置づけられ、片づけられてしまっている観が強い。

　そんな一例が「今来才伎《いまきのてひと》」と『日本書紀』で呼ばれた明瞭な技術者集団や官僚としての渡来人たちの一群である。そんな「イメージ」だけを渡来人に付着して理解しているというのがせいぜいのところであろう。教科書のいささか退屈な「渡来人」史観がそのまま現代人のイメージを醸成し、根深く残っているのだと思われる。なんという思考の「枠」の強さだろうか。

古代史版〝パラダイムシフト〟を！

　こうした根深い「枠」は、古代史における「パラダイム」の一つに相当するのではないかと私はつねづね考えている。『科学革命の構造』や『コペルニクス革命』で著名な科学史家トマス・クーンは、

「パラダイム」という概念を歴史に跡づけて説明した。パラダイムとはその社会や科学者がその時代ごとに保持している一定の思想の枠組みのことであり、方向性のことである。このパラダイムは、科学やテクノロジーが発達・進歩してようやくゆらぎ、それ自身が持ちこたえられなくなってゆく。そして革命的なネクストの学説の登場でいわゆる〝パラダイムシフト〟が起こり、次代の新しいパラダイムが形成される、というわけだ。

『コペルニクス革命』は、天動説が地動説にシフトする革命的な出来事を丹念に分析した作品である。キリスト教会の影響も強くあって、アリストテレスやプトレマイオスに発する天動説が地動説にシフトするまでには、気の遠くなるような時間を要した。天動説では、惑星の逆行現象のような高度な動きをとうてい説明することができない。やがて、地動説は確固としたものとなった。

日本の古代史であえて言うなら、かつて江上波夫が戦後日本の空気を揺動させた「騎馬民族征服王朝説」がそれに近いものだったかもしれない。江上説は大変な反響を呼んだが、反発も同時に呼び起こし、残念ながら〝古代史版パラダイムシフト〟は起こらなかった。けれど、それにつづく多くの学者が古代天皇家をめぐる自説を提出してきたし、石渡学説もそれに追随して大きな成果を残してきた。

石渡はそんなふうに「渡来人」として片づけられ固定されてしまったイメージの流れを断ち切り、もう一度、渡来勢力を「主役」として表舞台に立ち上げさせた功労者である。あの騎馬民族征服王朝説の時のようなロマンと学術性が緻密に布置し直され、石渡の手によって、「ソフトな騎馬民族説」が再興されたわけである。しかも石渡の騎馬民族説は重装騎馬軍がパッカパッカと列島を蹂躙《じゅうりん》したというイメージからほど遠いものだ。江上的な騎馬民族説はとうに乗り越えられている。政治的な移住という面がリアルに考察されている「ソフトな渡来王朝説」だ。

もともより、学界が騎馬民族征服王朝説の否定に躍起になっていた70年代80年代以降にしたところが、自然人類学やその他の理化学的な研究によって、渡来人は単なる「渡来人」ではなく、大それた「渡来集団」であって、古代日本に大きな足跡を残してきていたことは判明しつつあった。そのことを歴史学も素直に認めて追走できていたはずなのである（それだけの人骨――たとえば山口県の土井ケ浜《どいがはま》人のような――が出土していたのだから）。それができなかったことには、なにがしかの意図的な反動――すなわちヤマト中心史観の逆襲――があったとしか言いようがないし、案外それはちょっとした日本人ならではのつつましさや遠慮（つまり忖度）から生じたもの――しかも無意識レヴェルのもの――なのかもしれない。

けれども、今の時代、再び渡来王朝説に「復活の目」が出てきている胎動を、たしかに私は感じる。これは石渡理論が営々孜々《えいえいしし》と紡ぎつづけられて説得力を増していったということも一つにはあると思うが（やや身贔屓《みびいき》だが）、なによりも、その背景として分子遺伝学からの研究成果が強力で、どんな右派的な説明もヤマト中心史観のロジックも押しとどめようがなくなっているということなのだと思われる。われわれが捉え返している重大なテーマは、日本の古代天皇家はじめ王侯が半島由来の「渡来人」である――ということにほかならない。

石渡の主要な著作『百済から渡来した応神天皇』は、書名どおり、倭に渡来してきた百済《くだら》王弟の昆支《こんき》がのちに応神《おうじん》天皇として即位したという理論である。それにちなんで言えば、4世紀の段階で「任那から渡来した崇神天皇」が奈良県の「ヤマト」にいたということをも石渡は理論化していった。崇神天皇は第十代の天皇であるが、初代神武天皇を実在したと見るまともな研究者はいないので、実質、古代天皇家の創始者である（『日本書紀』などで「ハツクニシラス」天皇と呼称されている）。

しかし、応神の渡来（と新王朝の建設）とは異なって、この崇神の渡来については、時代が前である分、論証が厄介なところがあった。石渡信一郎は２０１７年に惜しくもお亡くなりになったが、晩年は、この「崇神天皇の正体」と切り結び、すごい熱量で取り組んでいた印象が残る。私は、石渡理論が飛び石のように残した論点を拾って、新たにこの「任那から渡来した崇神天皇」による古代国家の建設を、なんとか本書で決定的に位置づけたいと思っている。

その時にどうしても関連して語らねばならない東アジア史上の大物がひとりいる。それが「辰《しん》王《おう》」とのみ呼ばれ1世紀〜3世紀に確認される半島南部の「王」らしき人物である。半ば伝説的な存在だがその記録はずいぶんとリアルなもの（実務的なほどに）であるため、古代史家たちは余計にこの「辰王問題」をとても厄介でうっとうしいシロモノと見てきた。昔はともかく近年では研究者も作家もこの辰王についてほとんど語っていないし、石渡信一郎のみが例外的にこの辰王伝説に切りこんできた印象を持っている。前作では、「百済から渡来した応神天皇」の正体について、ほぼ決定的となるような私の新説（傍証）も披露したつもりなので、本作では辰王問題を見極めながら、「崇神天皇の正体」について探究し、明瞭な形《フィギュア》をあぶり出してゆくのが本願である。

最後に構成をざっと記しておく。本書は基本的に第1章以外は時系列で進む長編論考なので、そのまま読み進めてもらうのが一番だが、日本の「皇統譜《こうとうふ》の秘密」を明かすクライマックスは第4章からなので、そこから読んでいただいてもかまわない。第1章では、近年の科学的な研究成果のおかげで、「渡来」「移住」への考え方が変容してきている状況があり、それを展望してみた。弥生渡来人だけではなく「大量渡来」が古墳時代にもあったことが明瞭に研究報告で明かされてきたことを、泉下の石渡先生もきっとお喜びになっていることだろう。補足して私が大胆な人口シミュレーションもおこなっており、興味深いデータも示すこともできた。結果的に、渡来者=移住者のデータは、「倭人問題」の本質を浮き彫りにしてゆくはずだ。第2章では、本書前半の〝主人公〟である辰王と「辰王ネットワーク」とも呼ばれる事績を追いかけ、倭にまで及んだ動乱の時代に迫った。第3章では、動乱期ののち、半島南部で辰王や周辺の勢力がいかに動いたのかを探りつつ、やがて洛東江《らくとうこう》下流域の半島南岸で「任那加羅《みまなから》」（金官国《きんかんこく》の旧名）の前身が形づくられてゆく成立過程を見た。その際には、金官国王たる初代・首露《しゅろ》王《おう》の正体をミステリーの謎解きのように追究した。この半島南岸には1世紀後半から4世紀にかけて隆盛した加耶文化圏の中心地（遺跡）もあり、そこはその後の日本における土器や墓制の流れをも形成した重要なエリアとなっている。第4章、終章では、加耶勢力が北部九州から瀬戸内海ルートへと渡来・移動した様子を描き、崇神王朝すなわち「ヤマト王権」の実体を探り出した。『古事記』『日本書紀』の秘録《ひろく》を解き明かし、構造分析を加えることで、驚くべき「皇統譜の秘密」も世にはじめて開示できたと思っている。

本書を通じ、古代史のいわゆる「ニューノーマル」（新常識、新常態）が立ち上がってゆくように、渡来説の本質を念入りに提起したつもりである。

※　本文敬称略。引用文については、原則《　》を用いたが、強調や対話・講演の言葉は「　」を使っている。
西暦は目立つように算用数字を使用し、元号などの漢数字と区別した。

第1章　ヤポネシアは渡来者の幸《さきわ》う国

——海から来た「倭人」（日本人）

環日本海・東アジア諸国図（通称・逆さ地図）

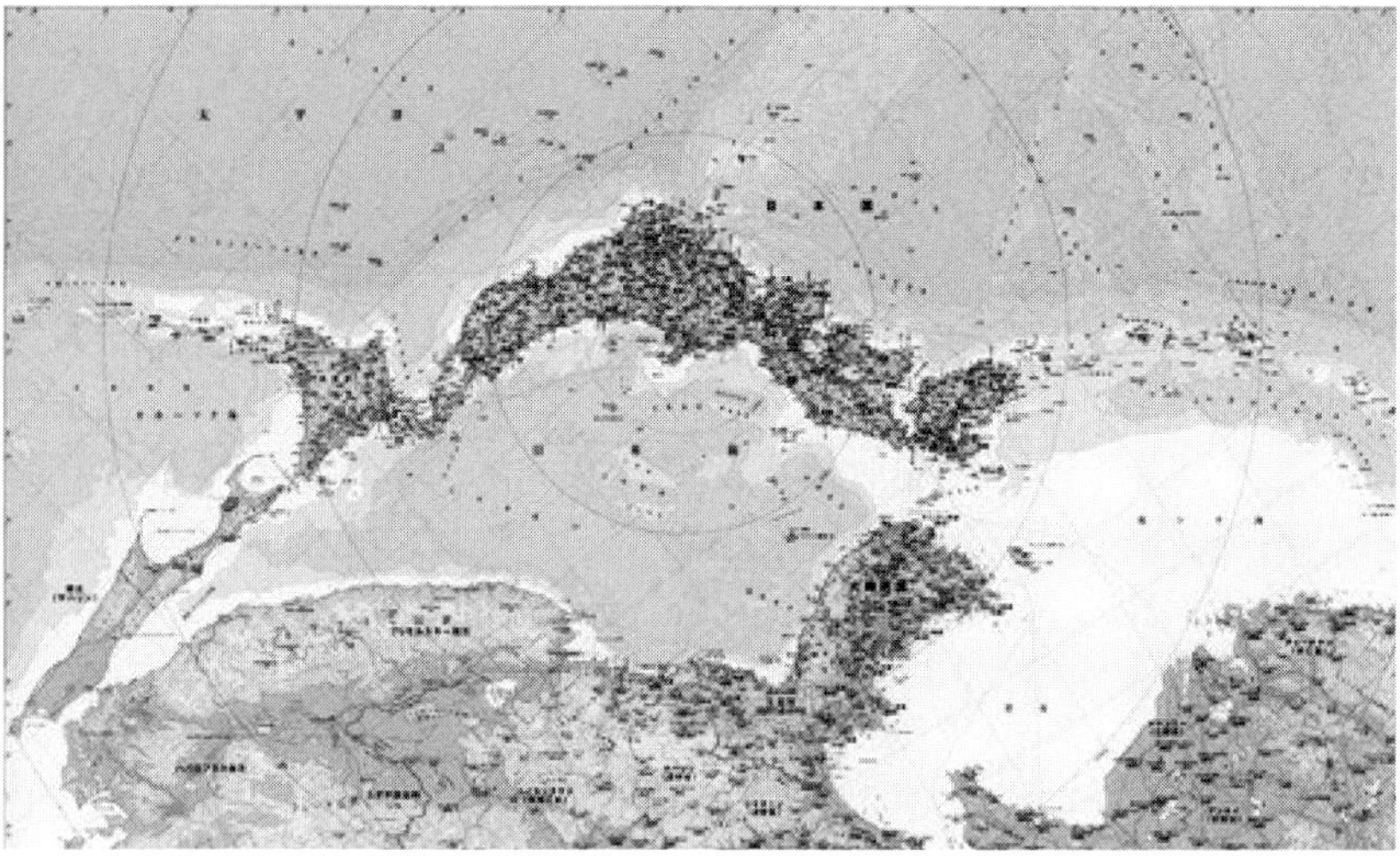

ユーラシア大陸の東端にまでやってきた原始・古代の人間たちは、最果てのこの弧状列島に何を夢見たか？　旧石器時代以降、古墳時代に至るまで、多くの移住者が何度も波状的に渡海してきたのはもはや確実である。

——富山県が作成した地図の一部を転載　［平 24 情使第 238 号］

証明されつつある古墳時代の大量渡来――「日本人の源流」は三段階モデルへ

２０１７年に私が自著を刊行して以来、２０１９年の今日まで、もっとも刮目《かつもく》させられ興奮した研究は、『核ＤＮＡ解析でたどる日本人の源流』（河出書房新社）のなかのある記述であった。著者の斎藤成也《なるや》（国立遺伝学研究所教授）が、核ＤＮＡ解析を踏まえ遺伝学から「日本人の源流」へとアプローチをした箇所なのだが、「渡来」には第一段階、第二段階、第三段階があるというふうに、「縄文・弥生」といういわゆる「二重構造」（埴原和郎《はにはらかずろう》）モデルにかわって、新規に「三段階」渡来モデルを提起したのである。

そもそもＤＮＡの解析というと、従来はミトコンドリアＤＮＡから探究するものが主流だったわけだが、細胞核のＤＮＡ（核ＤＮＡ）を解析し、文字どおり数えきれぬほどの塩基（三二億文字）の解読に今の科学は成功しているのである。ちなみにミトコンドリアＤＮＡが女系遺伝を跡づけることができるのに対し、Ｙ染色体（核ＤＮＡ＝生命の設計図のなかの一部）が男系遺伝のみを跡づけるのはよく知られていることだろう。その点では「設計図」そのものとも言える核ＤＮＡのほうがより詳細にわれわれの「来た道」をたどり返してゆくことができる。

私も影響をよく受け、また援用もよくする自然人類学者の埴原和郎は、日本人の「二重構造」モデルを定式化し展開したことでつとに有名である。列島に「縄文人」とのちに呼ばれるような狩猟採集民族が繁栄し、三内丸山遺跡や尖石遺跡のような見事な縄文文化を開花させ、そののち、「弥生人」と呼ばれるような、水稲耕作と青銅器を携えた農耕民族が列島にやってきてこれまた繁栄し、そのため縄文人たちは北（蝦夷《えみし》、アイヌ）と南（隼人《はやと》、沖縄）に追いやられていった――というものだ。さらに埴原説では日本人を形態学的に見ても南方系の「二」に対して北方系は「八」ぐらいの割合だとする。

われわれの周囲を見回してみてもらいたい。日本人は韓国人やモンゴル人とたしかに顔は似ているが、彼らほど一重瞼で平面的な顔ばかりというわけではなく、タイ風やフィリピン風、中国江南系、場合によってはインド人っぽかったり、ハーフではないのに彫りの深い白人のような顔立ちの人びともいることを、われわれは経験的に知っている。これは国際結婚も盛んな若い世代に限った話ではなく、今の九十代以上の世代でも同じことである。とにかく取り混ざり、融合している印象である。

わが家で言うなら、私の母は上海人のように見えなくもなかったし、そのまた母親の生きていれば一〇〇歳をこえていた大阪生まれの祖母はバタ臭い洋風の顔だった。方や父は北方風のシュッとした顔立ちである。一つの家族ですらこうなのだから、それが無限個にクロスしてきた極東アジア史には様ざまな血と顔相《がんそう》の組み合わせがさぞかし展開してきたことだろう（ちなみに私は若い頃は百済の王子様風とも呼ばれたが、三十代では東南アジア系と言われたこともあるアジアンである）。

端的にこれらのことを大きく言えば、南方系の縄文人と半島経由した北方系の弥生人が日本列島で混合している結果である――この二重構造モデルによる理解は、大雑把ではあっても、それだけ真実を衝《つ》いているように考えられてきた。実際のところは埴原和郎も、私が図式化したようなこんな単純な理論展開をしたわけではないけれど、ある種の図式的理解は一般の人びとに知ってもらう意味でも大切なことなので、このようにまとめてみた。

〝第三波の後半〟の渡来民＝「古墳人」！――政治による渡来者の「社会増」

そこで話が戻って、三段階モデルについてである。

ここで著者の斎藤教授は、まず二重構造モデルの「一重」であった縄文時代をその前の旧石器時代も含めてほぼ二分して、第一波（後期旧石器時代から縄文中期まで）、第二波（縄文後期・晩期）に切り離した（漁撈《ぎょろう》を中心とした採集狩猟民の可能性もあると）。そして二重構造モデルの「二重」であった弥生時代を「第三波の前半」（およそ三〇〇〇年前）とし、新規に古墳時代における流入を「第三波の後半」としている（実質、四重構造とも言えるだろうがここでは著者に合わせる）。

そこでは、《第二波の渡来民と遺伝的に近いがすこし異なる第三波の渡来民が日本列島に到来し、水田稲作などの技術を導入した。彼らとその子孫は、〈中略〉日本列島中央部の中心軸にもっぱら沿って東に居住域を拡大し、急速に人口が増えていった》と明瞭に最新研究をまとめてくれている。

一番重要でかつ傾聴すべきなのが、この第三波をさらに二段階に分け、その第二段目の古墳時代以降（およそ一七〇〇年前から）の大量渡来が「第三波の後半」としてあった事実を遺伝学の見地から提起してくれたことだ。

第三波の渡来民が、ひきつづき朝鮮半島を中心としたユーラシア大陸から移住した。日本列島中央部の政治の中心が九州北部から現在の近畿地方に移り、現在の上海周辺にあたる地域からも少数ながら渡来民が来るようになった。

従来の研究では、古墳時代以降の渡来勢力に関して――あくまで私の観測ではあるが――研究者たちが口を閉ざしていた観がないわけではない。というか、先述したように古墳時代の渡来勢力は、政権に協力する少量の「渡来人」扱いでしかなかった。けれど、斎藤教授はこうはっきりと明言し、渡来第三波の前半が弥生時代、後半が古墳時代以降と捉え返している。「渡来人」ではなく《渡来民》としてはっきり位置づけた研究が出てきたことが大きな意義を持つ。この氏のネーミングは実に素晴らしい。「**渡来人から渡来民へ**」、あるいは一般的な「渡来者」へと古墳時代のキーワードがシフトしたと言ってよいだろう。こうした4世紀以降の「渡来民」たちが「古墳人」として時代を担っていったのだ。

とくに、後半の「古墳時代」における大量渡来というのは、本書で扱う石渡説によるところの、加耶系・百済系の渡来王朝の影響とまさに合致するし、結果的にそれを援護してくれることにもなる。斎藤説ではここで「一七〇〇年前」とえらく具体的に第三波後半の開始時期を区切ってきており、（2015年 マイナス 1700年で）西暦315年の4世紀前葉に第三波後半が開始されたというモデルになっている。このように時代を画するような大量渡来時代があった可能性を鮮明に告げてくれたのはありがたい援護射撃だったし、とにかく「古墳時代における渡来」という説を、DNA解析の観点からきっちりと割り出してきたのがとても重要なので、強調しすぎるほどに強調しておきたい。世のヤマト派たちには、歴史学でないところから、余計な目の上のたんこぶが飛び出てきたように感じているかもしれない。なぜなら、彼らヤマト中心主義者たちにとってみれば、古墳時代の半島からの大量渡来民などあるはずもなく、西暦２００年代半ばには畿内ヤマト地方に卑弥呼の邪馬台国があって、それがそのままヤマト朝廷（ヤマト王権）へと拡充していったにすぎないはずのものなのだから——。

ともあれ、斎藤説の展開は、埴原和郎の二重構造モデル説の延長線上に花開いたというわけであり、埴原説もほぼ立証されたとばかりの氏の口ぶりでもあった。▲注

詳細を知りたい読者は、斎藤本の御参観を願うばかりである（ただ埴原和郎がはたして石渡理論に賛同してくれたものかどうかや、斎藤教授が林順治や私仲島のこうした論点を読んで賛意を示してくれるかどうかは、まったく別の事柄である、念のため）。

ちなみに石渡の初の商業出版本である『応神陵の被葬者はだれか』（１９９０年）の改訂新版『百済から渡来した応神天皇』（２００１年）の「第２章　古墳人のルーツを探る」では、早くもこうした遺伝学はじめ各種の科学的なデータをその時点で集め、この二重構造モデルの上にどのように渡来勢力（渡来民）がいわば「古墳人」として列島にやってきたのかを綿密に論証しようとしていて、合わせ技一本というやりようで見事にそれを成功させていた。

たとえば、小浜基次による頭長幅指数を用いた短頭《たんとう》や中頭《ちゅうとう》の全国分布研究が紹介されている。そこでは、畿内に多い〝短頭〟の形質は、それ以前の先住勢力が占めていた列島に外来の渡来集団がもたらした結果であるという厳然たる事実を語っている。真上から頭を見て丸に近いのが短頭、楕円のように前後に長いのが長頭である。列島には、まず短身・長頭（中頭）の先住民がいたが、そ

こに長身・短頭の朝鮮半島系の集団が渡来してきて両者が混じり、それが現代の和人を構成していったという流れになる。その結果、短頭の形質が畿内に多くとどまったというわけだ。だからその短頭の集団は畿内に本拠を占め、一部はさらに東進したが、畿内の周縁には、東北・裏日本型のタイプ（中頭）は残されることになったという。

あるいはまた、京都式アクセント（高低アクセント）を持った集団が列島に渡来したという説（馬淵和夫）を紹介したり、尾本恵市によるミトコンドリアＤＮＡの研究を援用して、「和人の主流」が半島経由で西日本にはいってきた集団であることをダメ押ししようともした。

埴原説はじめそうした石渡のまとめた合わせ技の上に、時がすぎ斎藤説が出てきてくれたおかげで、また渡来王朝説が大いに復活する機運が高まってきていると私は感じる。石渡がこの斎藤説にふれたら、さぞや膝を叩いて感嘆したことであろう。時代は本当に変わったと言える。あとは私のような者が、石渡理論をさらに噛み砕いて、現代的にアンバイし、今の一般読者に多少ジャーナリスティックにあるいはあえて論争的に届けることである。

さて、古墳時代にも大量渡来があったということは、人口移動という客観的な事実があったことだけを示すわけではない。すでに時は4世紀であり、半島では技術と富の集積が進み、集落（邑落）国家の段階から「古代専制国家」の雛型《ひながた》へと権力支配の方法が進んでいる時期である。そうした時期にヤポネシアを改めて眺めてみれば、温暖・湿潤な気候で住みやすいうえ、漁撈や狩猟採集にも向く地理と環境である。稲作にもたしかに適地のほうではあるが、厳密に言えば稲作にとって最適な場所とは必ずしも言えなかった。気候風土としては台風のまさに通り道であり、狭い土地に急峻な川が流れ、河川氾濫も多かった。ただただ「楽園」がそこにあるからという理由だけで半島から次々に人びとが渡来するというわけにはゆかないのである。ここを忘れてはならない。

人びとが飛躍の場をただただ求めて渡来してきたわけではなく、そこには、古代でありながら、いや古代だからこその「政治」が介在していなければならない。政治的主導があるはずなのである。つまり自然増ではなくて人口動態のあまりの変化は「社会増」であるということだ。

もちろん後代の倭寇のようなゲリラ的な勢力が力づくで列島に上陸してきた場合も、小規模の渡海集団が難民的に別天地を求めて上陸したという場合もともにあっただろうが、一番、リアリティーがあるのは、古代の大陸人・半島人たちを領導してくれる政体勢力が日本列島内にまず存在していて、それゆえに安心して、言うならば公的《オフィシャル》に、渡来民は文字どおり大舟に乗ったつもりで続々とやってきたのではないか——ということ。

われわれがそこで知るべきは、半島情勢でその時、何が起こっていて、どのように大きく歴史が動いていたか？という点である。必然的にわれわれは、4世紀の半島情勢、あるいはその直前の3世紀の朝鮮半島の様相をも政治的・軍事的に詳しく見て知ってゆかなければならない。遺伝学のような科学的なアプローチが「日本（人）誕生」の内実をここまで明らかにしてくれている以上、「本当の日本（人）誕生」を見るためには、「日本人の源流」をなした人びとの由来をこそ知っておかなければならないからだ。

日本列島内の歴史を見るだけではなく、朝鮮半島の政治史・事件史をも視野に入れること。半島における古代社会は、日本以上に揺れに揺れていた。われわれは、その時代の朝鮮半島が激動の一〇〇〇年、二〇〇〇年をその地に刻んでいたことを、もうすぐにも目にすることができるだろう。

▲注……総合研究大学院大学（国立行政法人）のプレスリリース概要「日本列島3人類集団の遺伝的近縁性」において、《アイヌ人からみると琉球人が遺伝的にもっとも近縁であり、両者の中間に位置する本土人は、琉球人に次いでアイヌ人に近いことが示された。一方、本土人は集団としては韓国人と同じクラスター（注2）に属することも分かった。さらに、他の30人類集団のデータとの比較より日本列島人の特異性が示された。このことは、現代日本列島には旧石器時代から日本列島に住む縄文人の系統と弥生系渡来人の系統が共存するという、二重構造説を強く支持する。》と2012年11月に発表されている（注2の「クラスター」については、《クラスター（cluster）：遺伝子や集団の系統樹で、複数の系統がひとつにまとまっている状態》と説明）。とても重大な情報であり、石渡も大いに背中を押された気持ちになったことだろう。

縄文人と渡来人の人口比率は？――驚くべき渡来人口のシミュレーション結果①

古代史全般のネタのなかで、「人口問題」はその重要性のわりに打っても響いてくる感触がなく、「そうか、そもそも古代史ばかりか、歴史学における人口問題は一般の人たちにとって興味の薄い、マイナーな領域なのだろうか？」という認識すらいだいたことがある。

渡来の「第三波（の後半）」が新規に提起もされてきているところなので、ここでは、人口問題の観点から、弥生時代以降の大量渡来のありようを検証してみよう。

埴原和郎は、人口統計を扱った沢田吾一の台帳を基礎にした試算と、それを援用した小山修三のユニークな試算のうちから、弥生時代初期の「縄文人」の人口初期値＝「七万五八〇〇人」（紀元前3世紀時点）という貴重な数字を取り出し、ちょっとした研究成果（計算結果）を示したことがある。この場合の縄文人とは、旧石器時代以降に列島にやってきた渡来民たちの子孫も含めた「在地系」の住民というぐらいに考えてもらえばわかりやすいと思う。

この計算の妙は、奈良時代の日本の人口が「五四〇万人」（縄文人+渡来人）にまで増えたという沢田の研究結果を使って、うまい具合にシミュレーションをおこなったこと。この奈良時代の人口約五〇〇万人というのは、平成の終わった今でもほとんど変わらない基礎的な数字であり、どの研究者もうなずくものであろうし、まずまちがいのない数値と言える。

そして、もしもならして考えるのならば、紀元前3世紀の弥生時代の頭から8世紀の奈良時代はじめまでの一〇〇〇年間に、〇・四％の人口増加率で増えていったという見立てになったという（私の試算では、〇・四三％でだいたいぴったりだ）。

ところが、世界各国の古代社会を見ても、こんな急激な増加率にはなりえない、という矛盾があった。それならば、と埴原は明瞭な結論に達した。自然増で「その数」に達しないのならば、一〇〇〇年のあいだの渡来人口（とそこからの自然増）をそこに加味してゆくしかない、と。そこで、埴原は興味深い計算データを示してくれている。ここでは、その計算内容を振り返ってみよう。

考え方として、BC300年時の人口初期値七五八〇〇人（すなわち縄文人の人口である）に対して、人口の年増加率を仮に、まず〇・二％としたのである（最大レヴェルのイングランドでも〇・一％らしいので、これは妥当である）。ではなぜ、ここで〇・一％を採用しないのかと読者も思うかもしれないけれども、もし〇・一％だとすると、一〇〇〇年後の日本人の割合を考えたとき、縄文人の数のほうが全然増えないのだ。試みに、私のシミュレーションの結果だと、縄文系はせいぜいが二〇万五〇〇〇人といったところである。これでは、奈良初期の総人口五四〇万人のうち縄文系はほんのわずかの集団にしかならず、日本人（和人）がむしろ渡来系だらけになってしまうので論外だったわけである（あくまで一〇〇〇年たってみての数なのにだ！）。

そこで、埴原和郎は、〇・二％、〇・三％、〇・四％の人口年増加率（三種）で改めて計算をしてみた。そうすれば、それらの各一〇〇〇年後の縄文人口が算出されるので、その数で一〇〇〇年後の五四〇万人（総人口）から引き算をすると、「渡来系」人口がわかると見たわけである。これはもちろんざっくりはしているけれども、一理も二理もある正当な見方だったのである。

	0・2%	0・3%	0・4%
75800人→	●56万0000人	●152万2485人	●413万8540人
	（483万9800人）	（387万7315人）	（126万1260人）

この上の数字（●）は、それぞれの増加率で見た際の一〇〇〇年後の縄文人の人口である。実際は、通婚・混血も複雑に行われていたであろうから、「縄文系」の人口としか言いようがないわけだけれども、以上のように概算値としては悪くないシミュレーションになっているはずである。ちなみに、（　）内の数字は、それぞれ五四〇万人（正確には五三九万九八〇〇人）から引き算した数、すなわち渡来人の人口（奈良時代初期における）であって、こちらの数字こそが重要だ（とくに〇・

二％による四八三万九八〇〇人）。

埴原自身が語っているように、これは《驚くべき数字》であり、渡来人たちが常識をこえて思いのほか大量に渡来してこないと、奈良時代の総人口五四〇万人にはとうてい達しえないということが判明したのである。〇・二％で計算する場合、ずばり縄文人と弥生人の人口比率は１：８以上なのだ。

念のため繰り返し言うが、これはあくまで増加率を〇・二％にした時の計算だ。たとえば、８世紀初頭の日本列島に五四〇万人の人口があったとして、そこから一三〇〇年後の西暦２０００年に人口は一億二七〇〇万人に膨れ上がったわけであり、この増加率は私の試算でならしてみたもので〇・二四％弱というところである。つまり食糧事情や衛生状態がぐんとよくなったその近代に到達する千余年ですら、その程度の％にとどまっているのだ。であれば、実際の縄文人たちの増加は〇・二％にまでは本当は達していなかった可能性だってないわけではないとも考えられる（その場合、当然だが、渡来人のほうがさらにずっと多くの数を占めることになる）。

否が応でも渡来勢力の数を上増しする方向でないと五四〇万人にはなかなか到達しないというのがじかに計算を追体験してみていただいた感想である。

ともあれ、あくまで、ＢＣ３００年をゼロ時点として、一〇〇〇年後（ＢＣ３００〜７００年）にどれほど渡来人が増えたかという「理論値」はこれで出た。この論文（一九八七年）について「埴原の一〇〇万人渡来説」というふうに揶揄《やゆ》するような批判もあったようだが、そこから三〇年以上がたってもますます埴原説が輝きつづけているのは、先の斎藤説一つとってみても確実である。

この説からの発展・応用で、もう一つ重要な観点がある。仮にも渡来系の総人口が最終値四八三万人余であるという数字が出たので、これを理論的に（ならして）逆算することで、逆にBC300年時点を「ゼロ時点」として、その時にどれほど多くの人間が渡来してきていたのか、言い換えると、どれくらい多くの初期渡来人が存在しないと一〇〇〇年後に四三八万人までに達しないかを、シミュレーションできるのである。

すなわちBC300年（正確には理論上一月一日時点）での初期渡来人の数は、私の試算だと約六五万人である（もちろん〇・二％の増加率のまま）。当然だが、この数以外はその後は一切渡来しないという極端な理論上の話でもあり、ナンセンスではある。実際は年次も数もバラバラで波状性があるはずだからだ。それでもこの私の試算は「埴原の一〇〇万人」までには行かぬものの、相当の大量渡来であることを示唆してくれている。

今からすると、時代は変わったし動いたと言わざるをえない。

直接の渡来者一〇〇万人説の真相――驚くべき渡来人口のシミュレーション結果②

そんなわけで埴原和郎の学説は先駆的かつ斬新なものであって、引っかかる人には衝撃を与えたはずなのだが、一般への認知度という点ではコペルニクス的転回を引き起こすところまでには至らなかった。しかし石渡のような古代史家がこうした同時代人の理論を粘り強くフォローしてくれていたおかげで、後生の私もその論理を使って別のアプローチをすることを可能にさせてもらった次第である。

あくまで、ＢＣ３００年をゼロ時点として、渡来者が一〇〇〇年後（ＢＣ３００〜ＡＣ７００年）にどれほど増えたかという「理論値」はこれで出た。

そこで、そこからは私の計算である。この埴原のシミュレーションをもう少しだけ細かい時期ごとに区切って、なるべく平準化された流入者の数がわかるように、改めて別のシミュレーションをおこなってみたのである。この〇・二％の増加率（年率）や縄文系の人口初期推定値はそのまま使って、具体的には一〇〇年ごとに（時に五〇年ごとで）渡来人口を区切り、もう少し「実感」に近い形の計算を試みて、本当の渡来者数をあぶり出してみようというわけだ。

まず、ＢＣ３００年時点での縄文系の人口初期値をやはり七五八〇〇人として、そこに同時期に一〇万人の弥生人が大陸から来たとし（渡来してからは当然、家族も増える）、その一〇〇年後のＢＣ２００年時点でも同じくらいの一〇万人がやはり来て家族を増やし、さらにその一〇〇年後のＢＣ１００年時点では、楽浪郡《らくろうぐん》（古代中国・漢の出先機関／現在の平壌《ピョンヤン》あたり）の設置のために多めの一五万人がやってきて……というふうな具合に、データをもうちょっと細かく刻んでシミュレーションをおこなってみたのである。このように渡来者数を時系列上にほぼ一〇〇年ごとに小出しにすることで、つまりなるだけ平準化することで現実的な渡来状況が見えてくるはずだからだ。

では、以下が私が計算してみたデータである（一〇万人もしくは一五万人というのが、それぞれの年の始め一月一日にもしその数が渡来していたらという設定）。

［（直接）渡来者数の予想　１００年刻み（仲島案）］

ＢＣ３００年	一〇万人	
ＢＣ２００年	一〇万人	
ＢＣ１００年	一五万人	
１年	一五万人	
１００年	一〇万人	
２００年	一〇万人	
２５０年	一〇万人	
３００年	一〇万人	ここまでで弥生系渡来人　九〇万人
３５０年	一五万人	
４００年	一五万人	加耶系渡来人　三〇万人
５００年	一五万人	
６００年	一五万人	
６５０年	五万人	百済系渡来人　三五万人

（直接）渡来者の人口合計（子孫含めず）　一五五万人

上記は、それぞれ代表してＢＣ３００年やＢＣ２００年の一月一日にたとえば一〇万人が渡来したというような理論的な枠組みで計算したものなのだが、もし一〇〇年間に一〇万人が来たという場合、そのデータを一年間に散らばらせたなら、平均で「一年で一〇〇〇人が来た」割合となり、案外少なく感じるかもしれない。だが、このように断続的かつ重層的にだらだらとやってくるだけでも、相当の数に膨れ上がるということを補足しておきたいわけだ。イメージとしてはかなり現実感が出てくるのではないかと思う。もっとも実際の渡来は、集中豪雨的なひとまとまりで一丸としてやってきたような状況のほうが多かったようにも推測されるわけではあるが。

そして、これらの渡来者（移住者）たちが、西暦７００年時点でどれだけ子孫を増やしながら人口を増加させているかを、先程から書いてきている妥当な増加率〇・二％で計算してみたのが以下の結果である（それぞれ百の位を四捨五入して概数で示している）。

ＢＣ３００年　↓　七三万七〇〇〇人
ＢＣ２００年　↓　六〇万四〇〇〇人
ＢＣ１００年　↓　七四万二〇〇〇人
１年　↓　六〇万七〇〇〇人
１００年　↓　三三万二〇〇〇人
２００年　↓　二七万二〇〇〇人
２５０年　↓　二四万六〇〇〇人

3００年　→　二二万二〇〇〇人
3５０年　→　三〇万二〇〇〇人
4００年　→　二七万三〇〇〇人
5００年　→　二二万四〇〇〇人
6００年　→　一八万三〇〇〇人
6５０年　→　五万五〇〇〇人
渡来系の人口合計　四七九万九〇〇〇人

もちろんこの合計値の約四八〇万人が、埴原がシミュレーションをおこなった四八三万九八〇〇人と近似しているのは当然。私がそうなるように（要するに目的的かつ恣意的に）計算したからであって、驚くにはあたらない。この計算に面白さがあるのは、具体的に埴原和郎が弥生前期から奈良時代にかけての一〇〇〇年間で一三〇〜一五〇万人の渡来者があったとする説の有効性を説いているので、その渡来者数の「子孫」はあくまで含めず、直接渡ってきた人びとの概算を出すために、四八三万九八〇〇人に沿うようにおよそ一〇〇年単位ごとにばらけさせて逆算をしてみたことだ。その結果、私のシミュレーションでは直接の渡来者は一五五万人という数値となった。

むしろ驚くべきは、奈良時代の初めの約五四〇万人と言われる総人口に達するためには、具体的にこのような極端な人口流入がなければその後の自然な増加率を踏まえてそこまでに至らないという恐るべき事実のほうである。まさに「歴史の平野」に人びとが奔流のように湧出《ゆうしゅつ》してきた。戦前ならばともかく、戦後何十年もたってからでも、こんなちょっとの工夫でたやすくわかるような事実に、右派の歴史家はじめヤマト中心主義の研究者たちが直視を避けていたというのがむしろ不思議なくらいである。

数値の用い方について念のため言うと、たとえばＢＣ１００年に一五万人と多めに数を取っているのは、ＢＣ１０８年に楽浪郡が設置されたために、それをいやがる周辺の大陸民や半島民たちが大挙して日本列島に流入したのではないかと思われるからであるし、あえて五〇年刻みで西暦２５０年を別途データ年として扱っているのは、２４６年に半島で戦乱があったため、同じような経過があったのではないかと見たからである（詳細は第2章で後述）。また、３５０年を意図的に刻んで設定してみたのも、石渡説では、4世紀半ばに、渡来系の崇神王朝が開かれたとしているので、やはり移住者たちが大勢やってきた可能性を考慮している次第である。

たとえば石渡信一郎はこうしたお気楽な計算をして喜ぶような方ではなかったと思うので、こんなうかつな計算はしてもいないけれども、上記の埴原理論については、少なからず言及して重要性を説いている。肝心なのは、これらの人口増大に関しては、自然増ではなくてやはり「社会増」として捉えざるをえないということであり、政治的な事象として見て取らぬほうが不自然だと言う点。

補足で言うなら、歴史書の『魏志』韓伝では半島南部の三韓諸国の人口が大雑把だがあげられている。馬韓諸国五十余のうち大国は「万余家」、小国は「数千家」だから、総計で「十余万戸」。すなわち仮に「戸」が文字どおりの家宅であり世帯ならば二人以上いるとして一五万～二〇万。また弁辰・辰韓合わせて二十四国のうちの大国は「四、五千家」、小国は「六、七百家」、総計で「四、五万戸」

というから、総計で五万〜一〇万人といったところだろう。これらはある時点のみでの人口大要の把握だとしても、半島南部の人口総計と移住・渡来可能な人口を考える上でとても参考となるし、案外多いなという印象を持つ読者も多いのではないか。

こうして見ると、弥生渡来人系は、BC3世紀から一〇〇〇年にわたって増えつづけているから数が圧倒的に多いのはわかるし、石渡が理論化したように加耶系と百済系の渡来者たちがそれぞれ二段階でやってきていたのも、その実数が具体的に出てくると多少なれど実感を伴って認識できるのではないかと思う。

実際の弥生時代の開始は、BC300年ではなく、近年ではBC800年ぐらいからと見られており、そこには私から特段のツッコミは入れない。肝心なことは、縄文晩期以降を代表するいわゆる「突帯文土器《とったいもん》」が、朝鮮半島の無文《むもん》土器の影響下にあると断定するのは学界でも異論は出ないだろうし、もっと言えば、半島の「無文土器時代人」たちが水田農耕栽培を含め大陸・半島文化を北部九州にもたらしていたということも想像しやすくなっている点。それほどに半島と列島の交流はやはり密だったわけだし、人口流入の実態があったことは土器研究からも明瞭なはずだ。

さて、この埴原和郎説に依拠する計算をしながら改めて考えたいのは、これらの半島南部人たちを中心とした北方系の渡来民たちのその多くが、ある時代以降、近畿地方にピンポイントで来ているということである。西日本を中心として列島に満遍なく来ているというわけではない。それはそうだろう、これは社会増なのだから。その新しい古代国家の主要な中心部＝都をめざして東進するのは当然である。なによりもそのことは半島南部人（南朝鮮人）の短頭の割合が近畿の和人たちのそれにぴったりあてはまるという自然人類学からの研究報告がすっかり明かしてくれている。

もちろん北部九州には長い弥生時代を通じて渡来人たちは大勢やってきて移住し、集落を形成、ムラを拡大したり、または暖簾《のれん》分けのように分裂・分化させていったわけだが、それが古墳時代前後の時期には北部九州や瀬戸内は素通りして畿内にやってきた、という展開をこれは意味する。そうした移住者たちの受け皿になっていたエリア＝畿内こそが古代王権（三輪王朝や河内王朝）の中心地であるし、とくに前期前方後円墳をシンボルとする政治体制が加耶系（とくに任那系）と見るのが合理的である、と結論づけることができるだろう。ごく近年の調査結果から言うと、たとえば加美遺跡（大阪市平野区）における弥生人骨の調査（大阪文化財研究所）によっても、渡来人と縄文人との人骨形態の差異が改めて立証されており、大枠での二重構造モデルがさらに跡づけされたと言ってよい。

今もってこの埴原が提出した「縄文人／渡来人の人口問題」を視野に入れないと、古代史の真相には決して迫ることができない。なによりも肝心なのは、初期値七万人（縄文人）の人口だけでは、とうてい一〇〇〇年後にだって五十数万人にしかならず、どう考えても、「弥生渡来人（倭人）＋古墳時代人」の大量の渡来者がいなければ、「日本人の人口問題」を解決することができないという点である。われわれ日本人の御先祖たちとして、弥生渡来人そして古墳時代人が海をこえて外部からやってきたという事実を――彼らのためにも――忘れ去るわけにはゆかないのである。

念のため最後に言及すれば、この人口増加の大問題を、たとえば1％以上の高率（人口大爆発を起こすほどの超高率）に求める向きもあるにはある。

その場合、初期にはごく少量の渡来者しか列島には来なかったという話になりうる。がそこまでのスーパー増加率にリアリティーが感じられるかどうかということであろうし、もっと言えば、日本人（モンゴロイド）の平均的な顔面が現在、南方系よりは北方系であり、つまりは印象論かつ直観レヴェルにおいてでも〝弥生系の顔立ち〟が多いことも考えに入れれば、たとえ人口爆発があったとしても、日本人の主流が弥生系の渡来者の血脈であることには結局変わりがないのではないかと私には考えられる。なぜなら、万一、水田稲作を高度に援用した縄文人が人口爆発したというのなら、日本人の平均的な顔立ちは今とはちがっていたであろうからだ。これはもちろん反語なのであって、そんな現状にはならなかった、と。

〝古代国家の形成〟の舞台は「任那」地域——日本人の原郷

実際の渡来者人口が驚異的な実数にならざるをえないことはわかってもらえたかと思う。ここからは、渡来者がやってきたと目される半島南部の実体を具体的に見てゆこう。

本書の前半部分で多く語るのが、当の朝鮮半島南部の歴史的経過であり、その時点その都度の「最新情勢」である。今の韓国に相当する朝鮮半島南部のエリアには、3世紀後半から6世紀にかけて、「加羅＝カラ」（加耶／伽耶）と呼ばれた地域があった（この慶尚南道の特定の地を意味する総称として以後「加耶」を使用する）。とくに古代朝鮮においてはR音とY音はよく転訛《てんか》するのである。

概説だけすると、加耶も含めた半島南部には、半ば伝説的な古朝鮮《コチョソン》扱いではあるが、箕子《きし》朝鮮や衛氏《えいし》朝鮮などの国々がBC3～BC2世紀に成立していたといい、衛氏朝鮮の南（もしくは東）

にはこれまた謎めいた辰国《しんこく》なるものも存在していたという文献がある。やがて、半島南部には、いわゆる三韓（原三国）と呼ばれる三つの国が成立した。それが『魏志』韓伝にある馬韓《ばかん》、辰韓《しんかん》、弁韓《べんかん》（弁辰《べんしん》）のことである（たとえば「辰韓は古の辰国」という記録もあり）。

　このうちの弁韓（弁辰）のあったエリアを「加耶」と呼ぶと思ってもらえればよいだろう。地勢としては、弁辰と辰韓とのあいだは洛東江の大河が東西に分けており、洛東江以西が弁辰エリアである。弁辰の西には小白山脈が南北にそびえて東西を区切り、弁辰の西側に馬韓が位置していた。

　知られるように、馬韓はのちに百済《くだら》へ、辰韓はのちに新羅《しらぎ》へとそれぞれ個性の強い古代国家に成長したが、加耶エリアにあった弁韓（弁辰）にはこの二つの強国——百済と新羅——に匹敵するような強力な古代国家はついぞ形成されなかった。だから3世紀後半以降も、「加耶諸国」とか「加耶連盟」と呼ばれるような七つ以上の諸国が寄り合って存在していたのである。

　それでも、加耶地域には、のちに盟主国・有力国として、先に金官国《きんかん》（金官加耶）、後に大《だい》加耶という二国が成立した（ともに6世紀に新羅によって滅ぼされ、併呑されることになる）。

　この最初に成立したほうの金官国のほうに複数の名前のヴァリエーションがある。ごくごくオーソドックスな解説として『世界大百科事典』（平凡社）をのぞけば、【加羅】についてこうある。

> 広開土王碑文によれば、４００年ころのこの地方には、任那《みまな》加羅（金海）や安羅《あら》（咸安《ハマン》）など多くの国（加羅諸国）があり、この二国が代表的な国で、侵入してきた高句麗軍に反撃するほど

の強力な軍事力とかなり緊密な協力関係とがあったことが知られる。またこれらの加羅諸国は、倭（任那日本府説、北九州説、朝鮮南海岸地方説などあり）と協力して、高句麗、新羅と対立していた。

正確には、広開土王碑には庚子《こうし》年（400年）に敗退した倭軍が「任那加羅（の）従抜城」へと逃げ、高句麗軍がそれを追撃しその「従抜城」を陥落させたとある。倭は金海の「任那加羅」に逃げこんだということであるから、往時の日本が任那勢力と深いかかわりがあったことは言うまでもないし、同体であった可能性もある。

この任那加羅には、時代は前後するとはいえ別名が多い。金海を名にいだいた「金海加羅」の名も辞典にあり、その他歴史書から列挙すると、金官国（『三国史記』）、弁辰狗邪国（『魏志』韓伝）、狗邪韓国（『魏志』倭人伝）、駕洛《がら》国（『三国遺事』）、そして単なる任那／任那加羅（広開土王碑）。

これらはすべて現在の慶尚南道金海市を中心とした領域のほぼ同一の国であり、同時的に呼称されたこともあったろうし、時間経過とともに呼び名も変わっていったこともあるだろう。

この地をいっそうポピュラーにしたのは、1990年以降に大成洞《たいせいどう》古墳群が次々と発掘されてきたことで、これが大きかった。金官加耶の支配層たちの遺跡と言われ、三十以上もの古墳では華麗な馬具類や鉄製品の副葬品が集中的に数多く見つかっており、殉葬《じゅんそう》の風習もあった。ここら一体で鉄生産と馬の文化が大いに花開いていたことがよくわかる。鉄の生産も2世紀よりも遡るとさえ言われているほどだ。

また大成洞古墳群の西に位置する良洞里《りょうどうり》古墳（同じ金海市）のほうはかつての中心地とされてお

り、そちらから金海へと中枢が移動したことが明らかである。このことは、名前のヴァリエーションがやたらと多いこの金官加耶エリアにおいて政体が微妙に変化しつづけてきたその政局と連動しているかもしれない。

　生活用具の土器に関して言うと、4世紀にかけて発展したこの地の土器（金海式土器、もしくは弁辰韓土器）は、のちの古式陶質土器の前段階である（このあたりの呼び名は異同もあり複雑だからざっくり書く）。さらにこのエリアは海に近いため有名な金海貝塚（1～4世紀と長期間）はじめ多くの遺跡を有しており、上記の金海式土器もここから見つかっている。貝塚の下からは甕棺墓《かめかんぼ》や支《し》石墓《せきぼ》、箱式石棺なども検出されているため、海を隔てての北部九州との早くからの交流も密で盛んだったことが推測される。金海市からそう遠くもない勒島《ヌクト》（慶尚南道泗川《サチョン》市）や壱岐《いき》島（原の辻など特定の交易拠点が往時隆盛しており、対馬海峡の南北にまたがって活躍した「海民」としての「倭人」たちの自在な行動がとくにしのばれるところだ。

　このように概説だけしてみてもわかるとおり、海の幸にも恵まれ多様な技術の集積地・拠点として早や1世紀から目覚ましい発展を遂げてきていたのが金官加耶である。日本における〝古代国家の形成〟にかかわるドラマの真の舞台がこの「加耶」地方であり、とくに任那は日本人の「原郷」というわけである。

　だからまとめると、このエリアについての一般的な解釈としては、遅くても4世紀半ばには対外的に「任那《みまな》加羅」と名乗るか呼ばれるかして（西暦400年の広開土王碑）、同時期かその後の別名として「金官国」が一般的な呼称として浸透してゆく。

時代は下って532年にはこの金官加耶の国は滅び、以後のヤマト王権ではいわゆる「任那復興」が不思議なほど重要な外交課題とさえなってくる。「任那」の音や語義に「盟主／王」という韓語的な意味を読み取る説も有力で、大小数か国が立っていた諸国の盟主たらんとした意志がネーミングにもうかがわれる。

司馬遼太郎が語る「南鮮における倭人たち」――「任那」と倭の秘密めいた間柄

さて、しかしながら、「加耶」地域の「任那」が日本人の原郷だ――と言われても、すぐにはピンと来ず、信じられない読者もおられよう。だがたとえば作家の司馬遼太郎は、この任那成立のポイントにいわゆる「倭人」の存在を置いて、とても重視しているのである。ここではこの戦後を代表する国民作家の文章を糸口に紹介してみよう（『街道をゆく』『韓のくに紀行』より　傍点原文）。

馬韓が百済国になったころに辰韓も新羅国になったが（※筆者注：3世紀の後葉から4世紀半ばにかけて）、倭人たちはそのあいだにはさまれて大いに難渋したに相違なく、自然のいきおいとして、日本地域に住む同種の倭国にたすけをもとめることが多かったにちがいない。南鮮における倭人たちは、やがて「任那」という一種の国家をつくった。

この司馬の書きようには、韓人たちではなくて、「倭人たち」こそが任那という「一種の国家」を形成したというところに主眼がある。ただしこの倭人たちは《南鮮における倭人たち》だと司馬が語っているのがまた重要で、列島の倭人たちとはまた別だという見立てである。司馬の解釈では任那の構成に韓人たちはむしろ主にはかかわっていないことになる。ちなみにその韓人たちについて、司馬は、《南鮮に土着して農耕の歴史を古くからもち、遠祖の故郷がどこであったかも忘れてしまっているツングースたちということであろう。》とわかりやすい定義を与えている。そして、《「釜山・金海あたりの連中は、厳密には倭人であって韓人ではない」》という民間伝承をも紹介している。

なぜこのように「任那＝倭（人）の国」という意外だがその実、常識的な解釈ができてしまうかというと、この任那加羅のあった地域の該当史料には、たしかに「倭」というクニ（地域）があることがあまりにもはっきりと記されているからなのである。詳細は、本書のテーマとからむので第2章以降の本題で後述するけれど、今はただ、そんなふうに司馬遼太郎が語るほどには、「任那と倭」が密接であったらしいということを銘記してもらえればよいかと思う。

やがて時がすぎて、半島南部から「倭」が駆逐されてまったくいなくなり、玄界灘の向こうの「倭人」たちの国＝日本列島《ヤポネシア》だけが残って、それらが対外的にも「倭」を指し示すようになっていったことだけは、まぎれもない歴史のその後の行方なのである。

三韓と呼ばれた馬韓、辰韓、弁韓（弁辰）の三つのうち、馬韓と辰韓は司馬が書いていたようにわかりすい状況にあり、後身としてはそれぞれ百済と新羅が「古代国家」として勃興した（4世紀中葉）。しかし弁韓（弁辰）であった加耶地方はというと、4世紀後葉の「任那（任那加羅）」にったはなったが、弁辰内での小国家群は分立したままであり、強力な権力支配でまとまった古代国家にまでは成長しなかった。それが加耶諸国、加耶連盟と呼ばれる所以《ゆえん》だ。

たとえば『日本書紀』神功紀四十九年（西暦２４９年）には、神功皇后が新羅征伐のために半島に渡り（いわゆる三韓征伐）、将軍らを派遣して、「加羅」七か国を平定したという記事がある。七か国とは、比自炑《ひじほ》（昌寧《チャンネイ》郡）、南加羅《ありひしのから》（金海市の弁辰狗邪国）、喙国《とくのくに》（弁辰瀆盧《とくろ》国との語感の近さゆえに釜山の東萊《とうらい》か）、安羅《あら》（咸安郡で金海の西隣り）、多羅（陜川《ハプチョン》郡）、卓淳《とくじゅん》（昌原《チャンウォン》市もしくは大邱《テグ》市か）、加羅である。もちろんこの神功紀の記事自体も年次もいい加減なものであるわけだが、そうした地名や諸国がその当時あったということは、干支二運（六〇年×二倍＝一二〇年）を上乗せて、３６９年の加耶諸国（加耶連盟）のことと見るならば、十分参考に値する。

この七国のうち「南加羅」がエリア的に任那加羅（金海）と同致すると見られ、ややこしいが七国のうちの「加羅」表記のほうは北寄りの高霊《コリョン》郡における「大加耶」のことだとされていて、私もそう考えている（大加耶は、金官国＝任那加羅が勢力後退したあと、後期加耶連盟の盟主となる）。

話を戻すと、加耶諸国はこのように分立していたけれど、なによりも肝心なのは「金官国＝任那加羅＝南加羅」の正体（前身）ということなのであって、任那加羅と倭人、韓人らの歴史的な関係性こそがミステリアスな結び目となっているのである。これをうまく解きほぐす歴史家が長らくいなかったところ、９０年代以降の石渡史学の確立のおかげで、われわれはその成立過程を追えるまでになった。そこで私の独自解釈を大幅に加えて、この金官加耶の正体に迫ってみようというのが、本書前半の山場ということになる。本筋にかかわる第2章で、この秘密めいた《任那という一種の国家》（司馬）については一挙に解き明かしをしてみよう。

舶来の陶質土器が明かす「古墳時代」の開始時期――3世紀開始説は早すぎ！

さて、本節では倭韓交流のわかりやすい例として、土師器や須恵器などの身近な生活用具についての議論を参照しながら状況を振り返ってみよう。述べてきたように金海エリアからの出土遺物は北部九州のそれとかぶっていることが多く、対馬海峡の南北に活躍した当の海洋民たちの行動抜きではこの地の歴史は考えられない。そこで活動した人びとを倭人というふうに呼ぶのもよくわかる話なのだ。

そこでまず「土師器《はじき》」だが、あの弥生土器の次に続くもので、まだ窯を使わず、低温で焼成する野焼きの土器であって、色は赤褐色、軟質である（軟質土器の一種）。やはり軟質の弥生土器からの延長線上にあり、弥生時代からの移行期において製造されたのが土師器である（一般的な土師器の種類と編年として、「庄内《しょうない》式土器」から「布留《ふる》式土器」へという時間的な変遷がある）。たとえば布留0式土器の製造された時期に有名な箸墓（桜井市）は位置づけられており、出土物の編年ができると一般的にそれが出た古墳などの時代がある程度判明するというわけだ。

「須恵器《すえき》」というのは、半島の土器で言うところの「陶質土器」である（つまり倭製の陶質土器が須恵器）。こちらは窯を使い、高温（一〇〇〇度以上、一二〇〇度にもなる）で焼成するいわば上質の土器であって、色は青灰色、硬質である。須恵器には高い焼成温度が必要であるため、専門的な技術（者）がなければ、当時の倭ではできなかった。4世紀末から5世紀初頭にかけて倭でも製造されはじめた。

ちなみに半島で陶質土器が生まれるのは4世紀前半と言われており、楽浪郡の滅亡（313年）

に起因するという考えがあり私もそう採りたい。弥生土器以来の土器編年をざっと時系列的に並べれば、

「弥生Ⅴ期→庄内式（土師器）→布留式（土師器）→（初期）須恵器」

とつながってゆく図式となり（ダブリの時期ももちろんある）。これを念頭に入れておけばひとまずはよいだろう。図式的に言うならば、弥生時代が終了し、次の「古墳時代の開始」を画するような土器がこの土師器だというわけである。昔は、常識的におよそ西暦３００年ごろからこの土師器がようやく出現してくるという見方だった。

ところが近年、「古墳時代の開始時期」をこの4世紀以降よりも前に前にと遡らせようという学界の奇妙な意図があらわになってきており、古代史研究家の多くも苦々しく思っているわけなのだ。端的に言って、邪馬台国の地を奈良盆地の「ヤマト」であると考える「畿内説」派が、纏向遺跡《まきむく》（桜井市）からの近年の多様な出土ぶりに乗じて、纏向遺跡を弥生時代のものにしたがっているという次第である。つまり、たとえば纏向遺跡から出土する布留式土器（土師器）の時期を西暦３００年よりずっと前に持ってきてそう特定すれば、纏向遺跡は２００年代の弥生時代の遺跡と見なされることになる。というのも、たとえば卑弥呼は弥生時代の２３９年に魏に遣使しているなど3世紀半ばに事績がある。こういう論法を使って、当時の先進地域の北部九州を差し置き、なんとかヤマトの地に卑弥呼の王都を持って行きたいというのが畿内派のわりとミエミエな考え方（戦術）である。

私はもとより、石渡理論に沿って、卑弥呼の王都は北部九州であると捉えているし（その領域がどこまでひろがっていたかは九州のみではないかもしれないが）、日本じゅうの「九州説」派に大いにエールを送る者である。

こうした畿内派の考え方には眉に唾してよくよく注意しておかなければならない。土師器における庄内式期は、近年のこの悪しき前倒し傾向のおかげで、西暦３００年というこの標準から一〇〇年も遡行させせられ、２世紀後半あたりからという時期に再付置されかけているのだが、この編年がいかにもおかしい！　そのことを後期の石渡もずっと主張してきていた。それは石渡だけでなく、編年というものを篤実に考察していた往年の考古学者たちも同様に異常だと考えていただろうし、彼らは今の編年をもし見るなら、何かがトチ狂ってきていると思わざるをえないだろう。

なによりも北部九州から近畿の地にかけて４世紀に舶来してきた陶質土器が数多《あまた》出土していて、それらは庄内式期から布留式期の土器群と共伴して見つかることが多いのである。つまり、庄内〜布留式期に半島産の陶質土器が倭へとやってきたと見ることができるわけだ。

そこで重要なのは、半島における陶質土器の初現の時期である。先述したとおり、陶質土器の製作開始を３１３年より前に遡らせるのは横車を押すような無理があるので、本来的にはそれと共伴されて出土する庄内式土器や布留式土器だって４世紀前半より前に遡《さかのぼ》ることはありえないはず。

具体的に言って、加耶系の文様として、鋸歯文《きょしもん》や組紐文《くみひももん》などの加耶エリアに多い文様の入った土器が奈良県の諸遺跡で見つかっており（布留《ふる》遺跡など）、これらは初期須恵器として位置づけられる。

半島南部における陶質土器ですらやっと4世紀前葉の出現であるわけだから、それが日本列島に搬入されたりあるいは作成（模倣）されたりするのだって、その後の時代にちがいない。

つまり、どうあっても庄内式期の「設定」時期のほうを後代へと下らせるべきなのであって、「石渡編年」（P205）では、たとえば庄内0式期が4世紀前半だと見なされており、これでやっと平仄《ひょうそく》が合うという感じになってくる。

そして、4世紀前半ごろから徐々に陶質土器は列島に舶来されてきた（はず）。当然それは、その所有者や使い手たち、韓地の工人たち自身の往来が頻繁になってきていたことを意味する。最古のものとしては、上記の布留遺跡（天理市）、加美遺跡（大阪市平野区）などから半島製の壺や器台が発見されている。

なお陶質土器については、新羅や加耶による地域色（古代国家の分離独立）が出る以前の混然とした状態を、「古式新羅加耶土器」と称し、その後、それぞれ加耶土器と新羅土器に分岐していったというふうに見なす分類法が一般化している。それだけ当時の加耶＝弁辰と辰韓もサラダボウルのように混融していたのだ（弁辰と辰韓で名前も「辰」つながりで似通っている）。この4世紀の古式新羅加耶土器は北部九州から瀬戸内海を経て大阪湾に至るいわゆる瀬戸内海ルートに多く発見され、渡来勢力のまさに道筋が点綴《てんてい》されているというわけだ。

4世紀後半からはいよいよ圧倒的な数の渡来勢力が倭にやってくることになる。

その意味を、石渡は渡来王朝（ヤマトの三輪王朝）の成立によるものとした。その後、4世紀末には、列島の窯《かま》がはじめて開かれてゆき、そこで焼かれた須恵器（日本版の陶質土器）の生産が開始された（有名なところが堺市大庭寺窯《おばでら》など）。実際に、４世紀末〜５世紀初頭からと言われる須恵器生産について、その土器自体には加耶系（とくに今の金海・釜山地域）の影響が色濃いということは考古学における常識となっている。それが５世紀後半以降は、半島南西部の栄山江流域の影響が見られるという。たとえば大阪府南部の丘陵地帯に分布する陶邑窯址群《すえむらようし》はいわば官営窯であって、本格的な５世紀以降の窯業《ようぎょう》の中心地となっていった。

このように須恵器の生産に関しては、第一期（４世紀末〜５世紀）と第二期（５世紀後半以降）にまとめることができて、いずれも渡来勢力との関係が深く、第一期はとくに加耶系の須恵器が盛行した（第二期は百済系）。

窯業の生産地は大阪湾に近い。当時の大阪では、「河内湖」といって、大阪湾は内陸東側にまで大きくひろがっていた（それがやがて淡水化し、土砂も流れこんだ上に大きな土木工事を経て陸地化されていった）。だから、北部九州から瀬戸内海ルート（たとえば吉備を経由）を通って畿内に来た勢力が、そのように湖沼が多くてぬかるんだ大阪エリア（河内、摂津）よりは、内陸の奈良県（大和）寄りに王都を建設したのにはごく当然のわけがある。

ところで、念のため一言しておくと、陶器をめぐる歴史を語る際にありがちな文言で、〈金海・釜山地域から工人集団が列島に渡来した〉などとごくあっさりと言われるのを見かけるのだが、しかしなぜ彼ら工人集団がおのれの人生と命を賭してまで新天地の日本列島へ渡来してきたのかが、正直、その文言では私にはわけがわからない。彼ら工人が納得できるやり方での政治的領導があればこそ、この来日（来倭）があるはずと思うしかない。豊臣秀吉が文禄・慶長の役で、朝鮮人陶工をたくさん連れ帰ってきた、というのとはわけがちがうのだ。

だからこそ、結論づけるならば、石渡理論が示すように、4世紀になってから渡来王朝が列島に築かれ、そのため倭人・韓人らが混在し同胞も多くいるという比較的安定した状況に半島の人びとも得心し、渡来集団は大量にやってきた——というふうに理解するのが見えやすい。

そしてなによりも、古墳時代のスタートは、3世紀ではなくて4世紀以降というふうに見なさなければ平仄が合わないのである。学界は半島で出土する土器との編年を合わせそこねたために、令和の現在でもおかしな事態に陥ったままなのだ。

「サンプル」と「レシピ」——外延的な説明と内包的な説明

他方、朝鮮半島から日本列島への一方的な文化伝播があるだけではなく、相互交流的な要素が見られることも大いにまた真実である。というのも、いわゆる倭系考古資料が加耶地方（具体的には大成洞墳墓群を中心とした金海・釜山地域）においてとくに4世紀代から5世紀前半までにわたって多く見つかっているからだ。倭系考古資料のなかには、巴形《ともえがた》銅器、筒形《つつがた》銅器などの倭産と言われる遺物のほか、弥生系の土師器や土師器系土器が出土している。

このことは、3世紀末から5世紀前葉にかけて倭から半島へと渡来した人びとが確実に現地で生活していたことを告げるというふうに研究報告されており（申敬澈など）、これを悪く取る勢力は、たとえば旧態依然としたいわゆる「任那日本府」説の文脈で、倭人たちが半島を攻略してかの地に住んでいた証拠として考えようとしていたわけだ（今は、この任那日本府説はすっかり否定し去られ、よほどの確信犯的な右派でないかぎり信じている研究者はいないけれど)。

結局、こうした西暦３００年前後に至るまで、倭人と韓人が激しいほど頻繁に相互往来していたという事実がなによりも重要で、そこにこそ、４世紀の倭韓は王朝レヴェルで交差・交流しつつ隆盛していった基盤があると私は理解している。

一般に考古学者の文言には、モノの移動が単なる文化伝播によるものと考える志向性が強い。現代風に言うならば情報や技術のようなソフト（コンテンツ＝内容）が流れこんできたという見方である。そこでは人びとの流入（移入）は不要になってしまいかねない。この見方は、古代にあっても「レシピ」（料理法の手順書）のようなものが現地にもたらされさえすれば、第三者によってもモノ（料理）は再現できるという現代的な考え方につながる。私はそうは思わない。レシピではなくて現物の「サンプル」（見本、試供品）が必要で、なおかつそれを再現できる人材が絶対的に必要だという考えだ。人が現地へとサンプルを持ってきて得意げに皆を驚かす。そして現物を間近に見せながらやっとその方法や手順を開示することでようやく文化は一方から他方へと「伝わる」と考えるのだ。俗に「外延《がいえん》と内包《ないほう》」という二項対立命題があり、これは具体的な「サンプル」と抽象的な「レシピ」と言い換えることができる、古代にあってはどうあっても前者が必要、必須なのである。

もちろん遺跡・遺物の観察も肝であり文化伝播の重要事項であるのは前提としても、モノの移動や伝播には、人の移動、民族の移動のほうがずっとかかわりやすいという考え方を私は採る。この第１章であれだけ人口の話を語ったのはそういうわけだ。だから自然人類学（人骨）や遺伝学（DNA）による検証のほうが私は素直に「正しい結果」をもたらすものと考えている具合である。

その点、加耶と倭の文化的類似（土器、馬具、厚い副葬品など）を、両者の政治的交流による相互作用こそが原因となっているというふうに読み取る考古学の研究者もいる。そこでは、あたかも半島と列島の交流比をなんとか「六対四」ぐらいでまとめあげてみたいという日本人学者の気持ちすら読み取れる。学者の良心（？）のように見えて一見好ましいけれど、交流比「八対二」より数字を押し返すのは無理筋であろう。加耶と倭の歴史的展開を真に見通すためには、モノが移動し、その作成者が移動するということの重みをまだ考慮できていないように思われる。通常の人口増加率を考えるならば、一〇〇万人もの渡来を前提にしなければ、のちの「日本人」が構成されえない。古代史の世界はこうした人類学や遺伝学の隆盛を視野に入れて、他ジャンルのアプローチや成果も積極的に取り入れなければならないはずなのだ。

学問はその性質上、どうしても縦割りになりがちなので、ありていに言って学者の書いたものは他の学問領域への遠慮や逆にライバル視も強いようである。もしも研究者の師匠同士が喧嘩していたら当該の相手の研究成果を書きこめなかったりもするのだろう。私のような出版ジャーナリズムあがりには、そんな派閥はハナからないし、石渡にも林にも遠慮や忖度はなかった。使えるものは使えばいいのである——この精神は大事にしてゆかないと、真相をすくいきれないことになってしまう。

そんな具合で、第1章では幾つかの問題提起と前提などを語ってみた。第2章からは、まずは日本人の故地である韓の地を舞台に、古代社会で起こった戦乱と闘争の歴史を見てみたい。古代朝鮮半島史において意外にもあまり詳細に論じられてこなかった男——本書前半の主人公である「ある王」と「ある争乱」について、その謎解きを大胆に展開してみるつもりだ。

第2章　3世紀の三韓と「辰王伝説」——辰王問題の謎を解く

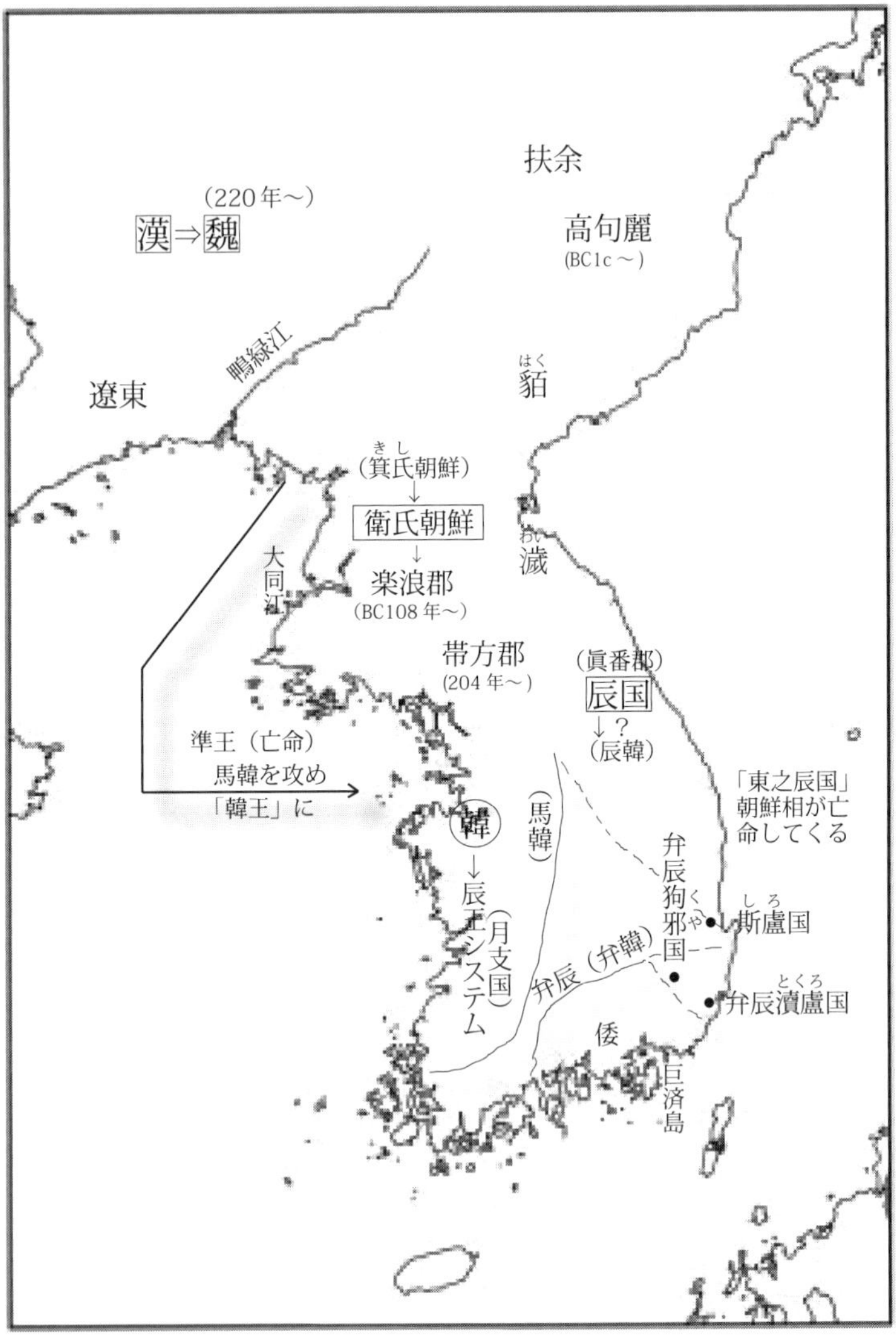

辰国と三韓のイメージ図（BC2 世紀～ 3 世紀）

〝辰王伝説〟――卑弥呼時代の半島ブロークン・ヒーロー？

これから、日本（倭）の３世紀すなわちおよそ「邪馬台国の時代」から４世紀の古墳時代初期への移り行きやその契機を、「ソフトな渡来説」の立場から示してゆくつもりである。移り行きの全容を示すには半ば想像力を介するしかないのだが、なんとかその道筋を指し示すことは有効にできるのではと私は思っている。

渡来説の場合は、ことの性質上、江上波夫説の昔から、「渡来の主体」がどのような勢力であったかを明瞭に指差す必要があった。私の『古代天皇家と『日本書紀』１３００年の秘密』でも、この時代（３世紀〜５世紀）は、序章でふれるにとどめたので、今回はずいぶんと具体的に書き記すつもりである。

くだんの江上説は、ずばり第十代の崇神天皇の正体を、朝鮮半島南部における三韓（馬韓・辰韓・弁韓）のうち「弁辰韓合わせて十二か国」に覇を唱えた「辰王」という人物の一系であるということで大きくまとめあげていた。だが、その内実についてはそこまで具体的なアプローチはなかったのである。大要をまとめると、〈３世紀から４世紀の辰王は、馬韓と辰韓の内部にそれぞれ有力な古代国家（百済、新羅）が建設されてゆくなかで、半島南端の一角に退潮せざるをえず、それでも旧弁韓（弁辰）内に金官加耶の地の王として辰王は勢力を保っていた。そしてやがては新天地の倭に向かって進出していった〉というふうに説明されていたわけである。

ところが実際、半島の３世紀には、あれやこれやの事件・戦乱がごたごたとあったわけなのであり、そうした文献上に見られる騒動のなかでひょっとしたら辰王そのものも滅んでいたのではないかという観点すら、江上説ではどうも踏まえられていなかった。半島時代の複雑な内情を語りつくしてはこなかったわけだ。これは半島史の究明が進む前の時代でのことだからやむをえないけれど、この辰王問題のリアルさときっちり向きあう必要はいずれにしてもある。

他方、石渡説では、たとえば『百済から渡来した応神天皇』を参照すればわかるように、2000年ごろまでは、うまい具合にこの「辰王問題」を回避してきていて、「加耶の王（任那王）」が倭に渡来したという程度にざっくりと織りこんで話をまとめていたのである。が、石渡の歴史家としての誠実さが後年、曖昧さを許さなくなったのか、「辰王系と崇神天皇」との関係性をすこぶる明瞭に描き出すまでになっていった。石渡の基本の線は江上説を踏まえているけれど、内容はだいぶん異なっている。

第2章の書き起こしにあたっては、この旧石渡理論から新しい石渡理論へのシフトぶりを横目で見ながら、「加耶系（とくに任那系）渡来勢力」の本質をまずは明らかにしてゆきたい。よってわれわれがまず特集《フィーチャー》するその舞台と時代は3、4世紀の朝鮮半島ということになる。

3世紀の日本というと、その前半には卑弥呼が邪馬台国を築き上げていた時代である。この東アジアの古代世界にも名前を轟かせていた〝卑弥呼の時代〟こそが、辰王が半島南部の三韓エリアで覇を唱えていた時代なのであり、この両者は強烈なその名前によっても、『魏志』倭人伝（『三国志』魏書倭人の条のこと）と『魏志』韓伝を代表するいわば〝古代史スターの双璧〟といったところである。原典を読まれたことのない読者には意外に思われるかもしれないが、これは本当のことである。『魏志』韓伝にはほかにそれといって「固有名」がガンと打ち出されるような輝ける王侯は不在なのだ。辰王が実際に強《したた》かな王であったのか、それとも王と名乗れはしたがただの支配的な機能にすぎなかったのではないかという問題もある。ヒーロー（？）のようにも見えるし、敗北を喫したブロークン・ヒーローにも見えるのだ。たとえば「卑弥呼伝説」というふうなレトリック（修辞）は使えないだろうけれど、「辰王伝説」という言葉は生きてくる感覚があり、その伝説色の強さと振り幅ゆえに「辰王問題」という学術的な一面が出ざるをえないのだ。

従来、石渡信一郎の語る「加耶系」渡来勢力の内容は比較的にシンプルなものであった。すなわち「**首露王**（金官国初代王）＝**崇神天皇**」が等置され、まさに加耶系の「主役」であり、金海市の**大成洞古墳群**（29号など）に彼ら王族の遺物が葬られている、というものであった。その古墳群に眠っていた陶質土器をはじめ、墓制やら殉葬の習慣やら金銅《こんどう》冠などの出土遺物はまさに北方文化の粋を集積したものである。

やがて「崇神」もしくはその親世代が半島南部から倭の北部九州に渡来し、岡山県吉備地方などの瀬戸内海ルートを通って畿内ヤマトに三輪王朝を開いた——というふうに捉えられていた（倭韓連合王国）。この大成洞古墳群の発掘は一九九〇年のことで、そう古い時代ではなく比較的新しい。短甲《たんこう》（歩兵用の鎧）や筒形銅器、大量の鉄製品の出土が目立っており、倭の古墳文化ときわめて親和性が強いため、金官加耶が倭に対して大きな影響関係を与えそして与えられてもいるという一般的な認識も得られている。

石渡理論では、この厚い北方文化の担い手が倭に渡来してきたと考えてきていた。ところが、氏晩年のおよそ十年で、この「加耶系渡来勢力」の内実が様変わりしてきたのである。「新石渡理論」では、この金官地方の「加耶系」勢力というふうに単純にくくっては言えないほどの複雑な変容を見せたのだ。ひと言で言うなら、旧石渡理論とくらべて、新しい理論では、「首露王＝崇神」一派の中核として、「辰王」系の血脈を強力に押し出し、その支配と展開、勢力ぶりをより重視したものとなっていったのである。半島にあった「辰王伝説」を最大限に生かしたような具合だ。この新たに打ち上げられた新理論の詳細や是非については、このあと検討してゆくとして、この背景についてはいくらか厚く説明しなければならない。

渡来勢力が倭にやってきた——と氏が考えたこの古墳時代（4世紀以降がスタート）の「前段階」（3世紀）は、倭では邪馬台国・卑弥呼や宗女（同族の女性）台与《とよ》の時代であったわけだが、3世紀の朝鮮半島ではまだ「三韓」の時代であり、馬韓・辰韓・弁辰（弁韓）の三国がそれぞれのエリアでそれぞれの経緯で勢威を誇り、その盛衰の姿を見せていた。

そこで、辰王の伝説的な事績をたどってゆく前に、3世紀当時の半島と倭の地理的な状況を確認しておこう。

韓と接するもう一つの「倭」——弁辰時代に半島にあった「日本」のルーツ

この三韓が半島南部のどこに位置していたかは、『魏志《ぎし》』（『三国志』魏書）や『後漢書《ごかんじょ》』などに描かれており、概況を知ることができる。この半島を疾駆していた辰王について詳説する前に、朝鮮半島のちょっとした謎について言挙げしておこう。古代史ファンならもうなんら驚くことでもないのであろうが、それでも一般読者ならば十分にびっくりさせてしまうような「情報」として、朝鮮半島の最南部に「倭」が位置していたという厳然たる一つの事実がある（先に、司馬遼太郎の文章でふれた件である）。

この半島の「倭」について、有名な『魏志』倭人伝は、《倭人は帯方東南大海の中に在り》という有名なフレーズを残している。たしかに漢の出先機関・帯方郡《たいほうぐん》（韓国ソウル付近／２０４年ころに公孫氏により成立）の東南には、対馬海峡や玄界灘をはさんで日本列島が横たわっているわけだから、島国が「海の中」にあるという独特の修辞《レトリック》は古代ならではのもので、この言葉にもそこまで違和感は覚えない。たとえば『魏志』倭人伝では帯方郡から倭に到達するルートとして、以下のように描かれている。

それは、「海岸に沿って水行し、韓国をへて、あるときは南し、あるときは東し、その北岸の狗邪韓国に到る」というものである（原文《従郡至倭循海岸水行歴韓国乍南乍東到其北岸狗邪韓国》）。「その（倭の）北岸」とは海を隔てた倭の「北なる対岸」に狗邪韓国があるということだ。

その先の対馬に関する描写では、対馬には良い田はないがその分、海産物で自活し、船に乗って南北の市場に向かう旨が記され、当時、対馬海峡の南北の陸をつなげる商業・生活ルートが保たれていることがわかっている。「倭」の人びとが弥生時代の中後期以降、対馬海峡をまたがって動いていたのはまずまちがいないことだろうし、倭人伝での「倭」は列島内の倭にほかならない。

一方、まだ知識のない日本人に不意の驚きを与えるのが、『魏志』韓伝における「倭」の描かれ方である。『魏志』韓伝冒頭では、《韓は帯方の南にあり、東西は海をもって限りとなし、南は倭と接す》とある。すなわち「韓」の南に倭が地続きで接し、位置している、というのだ。

この『魏志』の「韓伝」とはつまりは最初に置かれた「馬韓条」のことでもある（三韓全体の総説を語りつつ、馬韓にもふれているわけだ）。また編纂時期がより後世の『後漢書』韓伝でも、この馬韓について《其北與楽浪、南與倭接》という字句があり、馬韓はその北は楽浪郡と接し、その南は倭と接していると明解に読める（馬韓と楽浪郡とは地続きなのだから、南のほうも倭との地続きは確定的ということに）。

『魏志』韓伝のそのちょっと先では弁辰の地理についてもふれられ、《弁辰在辰韓之南、亦十有二国、其南亦與倭接》とあって、弁辰は十二国を有し、弁辰の南は倭と接していることが明らかだ。すなわち倭は馬韓の南側のほかにも弁辰の南側とも接していたということになっている。『魏志』韓伝のほうでは三韓を中心に書かれているため、近隣国＝「倭」のことにも正直に言及せざるをえなかったわけだし、それが驚きや衝撃を後世に与えた。半島南部の実情がここで正確に反映されていると私は見る。

なおまた馬韓条ではなく『魏志』韓伝の弁辰条では、わざわざ弁辰諸国のなかの「弁辰瀆盧《べんしんとくろ》国」の名前を出して、「その瀆盧国は倭と界を接す」というふうに、弁辰瀆盧国が倭と「界を接している」ことをも強調している（瀆盧＝トクロの読みからすると、釜山《プサン》広域市の東萊《とうらい》（トンネ）に比定される）。

諸情報を無矛盾に解釈するなら、弁辰瀆盧国（釜山の東萊）は弁辰狗邪国（金海）の東方に位置するので、弁辰狗邪国は倭の東端で一部は倭と融合していた可能性すら高くなる。

このように、どうにも『魏志』韓伝（と『後漢書』韓伝）では、倭と韓地は陸つづきのイメージなのである。これらを素直に解釈すれば、まず『魏志』韓伝において、半島の東西には「海」が意識されているのに対し、南の海（対馬海峡）のほうは意識されておらず、半島の南部にはどう考えても倭の領地が横たわっているように描写されている。「倭」は日本列島内のみではなく、韓の南に（も）存在していた、あるいは朝鮮半島に（こそ）存在した――ということにならざるをえない。しかし他方の『魏志』倭人伝のほうでは、韓と倭（倭人の国）は絶対的に海を隔てているイメージで、こちらはあくまで「倭人の国」である列島の邪馬台国のことをはじめから倭として指し示しているのである。

すなわち、狗邪韓国は倭（邪馬台国）と海を隔ててその最北端に位置しているが、その倭は半島南部にも歴然と位置していた――この不可解な事実は一見〝矛盾〟のように見えるかもしれないけれど、データはデータ、事実は事実である。本章の前半の主役たち――「辰王と臣智」をめぐる大きな半島史をこのあと駆け足で見届けたのち、この古代の「倭」をめぐる最大の謎と矛盾の解き明かしにも取りかかってゆくつもりだ。

これらの地理情報は倭韓の歴史を考える上できわめて重要な交差点《クロスポイント》だ。ある時代までは、半島の最南部に「倭」が位置していたという厳然たる一つの事実――これを前提として今はひとまず押さえておきたい。そこに「倭人問題」あるいは「原倭人問題」の、本来ならば現代にも波及してくるような強烈な存在感があり、〝忘れられた重要性〟があるはずなのだ。たとえば先の倭人伝冒頭だと「倭人」は海中にいるような存在であり、「倭人」（列島内）と「倭」（半島南部）とは明瞭に区別されているという往古の分け方の可能性を示唆している。すなわち列島に渡った者たちのことを一般的に「倭人」というふうに言いならわして区別していたのではないかという観点だ（松本清張も唱えた説）。

この半島南部、とくに南岸とも言いたい任那の地に、私たち研究家がこだわるのには大きな理由がある。この半島南岸には1世紀後半から4世紀にかけて隆盛した加耶文化圏があり、その遺跡である良洞里《りょうどうり》古墳群や大成洞《たいせいどう》古墳群が残る場所、すなわち現・金海市こそが政治・文化の中心地であったのは確実なのである。しかも時代幅が広いのも特徴的で、このエリアを抜きに半島の政治史を語るわけにはゆかない。この伝で言えば、金海文化圏を形づくった主体は「弁辰」だけなのではなく、「倭」の人びとでもあったにちがいないのである。

さて、では辰王についてである。

辰王と臣智①――「辰王＝馬韓人」説と「辰王＝流移之人」説

私が是非にも本書を書きたいと思った本質的なテーマにだいぶ近づいてきた。書かなければならないと思った理由の一つは、記してきたように、石渡理論が変容を遂げてきたからで、その理論的な辻褄《つじつま》合わせを私なりにしてみないと気がすまなかったからである。

かつては、金海文化圏を背景とした「加耶系（任那系）の渡来集団」により倭国（古代天皇制）が成立していったと石渡が語ってきていた理論的な内実を、「前期百済系倭国」に変え、そして「百済系の渡来集団」により応神新王朝が成立していたとしていた理論でもその名称を「後期百済系倭国」へと改めて命名し直した。名称の変更は名前の問題にすぎないけれど、とくに前段のほうの中身こそが肝心で、「加耶系」だったとされていたものがその内実はむしろ「百済系」だったのではないかというふうに踏みこんできたわけだ。論者として曖昧なままではもはや許容できないという気持ちに氏もなられたのだと思うのだが、ここは幾分か以上のフォローがないと、理解が難しい。

実は、石渡の長年の担当編集者だった林順治（歴史作家）は、この石渡理論の変容につき、この数年上梓された本を見るにつけ、あえて深入りは避けているように見える。でも、それもむべなるかなと林の近くにいた私ですら思うほどなのだ。私のほうがむしろヤケドしても失うものがない立場なので、そこにどんどん突っ込んでゆこうと考えている次第だ。

端的に言って、この「新石渡説」の出現は半島における「辰王」一派の勢威を大きく評価し直したところに起因するのだろう。この「辰王」評価の上昇ぶりに関しては、『後漢書』における「あるフレーズ」を石渡が改めて重視したゆえだと推察される。辰王の一党が半島南部を中心にその勢力を拡充し、ちょっとした「倭韓連合王国」を形成したのちに、倭にも進攻していった――というふうに見通したわけだ。

述べてきたように東アジアの古代史においては、この「辰王問題」というものが存在している。新石渡理論の是非を論じる前に、辰王を生み出すに至る朝鮮半島の「前史」をまずは確認しておくべきだろう。時代を遡りすぎるとかえって煩雑になるのだが、語り出しとしてはどうしても「紀元前」からの「東アジア史」「朝鮮史」を押さえておかねばならない。キリのよいところとして、箕氏（殷の旧王族）が半島にやってくるところから見てみよう。

いわゆる中国「最古の王朝」とされる神話伝説上の「夏《か》」の桀王《けつおう》を殷《いん》（商）の湯王《とうおう》が打ち滅ぼす。殷の成立である。次いで周が成立したあと（ＢＣ１０５０年頃）、殷の王族だったと言われる箕氏《きし》が朝鮮へと去る。そこで今の平壌《ピョンヤン》と思しき位置に首都を定め、大同江《だいどうこう》の流域にいわゆる箕子朝鮮《きしちょうせん》を成立させた（ＢＣ３世紀）。周の武王は箕氏を朝鮮に封じて朝鮮侯にさせていたともいう。ただ箕子朝鮮は三〇〇〇年もの前の建国ということでやはり伝説の色合いも強い（古朝鮮）。とはいえそんな古朝鮮も王統の記録は残り、箕子朝鮮の末裔と記される準王《じゅんおう》（朝鮮侯／朝鮮王）の時代に、燕人の衛満《えいまん》が鴨緑江を渡りこの地に亡命してくる（《東度浿水《ばいすい》（鴨緑《おうりょく》江）、詣準降》『魏志』韓伝）。準王に取り入って信頼を得た衛満は、朝鮮西部に居住して力を蓄える。その後あっさりと準王を裏切って攻撃し、ついに箕子朝鮮は滅びることになる。衛満が朝鮮を簒奪したのである。そこで衛氏朝鮮《えいしちょうせん》を建国し（ＢＣ１９５年）、王剣城（平壌）を都とする。衛満がうまいやり口なのは、方や遼東太守の「外臣」という身分で前漢にも帰順し、その足もとを戦略的に固めていることだ。準王へのだまし討ちのようなやり方といい知謀に恵まれた人物ではあったのだろう。

一方、戦ってあえなく敗北した準王のほうはその「左右の宮人」を率い、数千人が「走りて海に入る」。そして残党勢力を連れて南へと逃れ、馬韓を攻めて破り、自ら「韓王」と号した。この韓王の存在に対しては当地でもカウンター攻撃が起こったようで、馬韓人がまた自ら立ってそこで「辰王」をなしたという（《馬韓人復自立為辰王》『後漢書』韓伝弁辰条）。ここで「韓王→辰王」という王とその王名の変更があった事態が伝わっているのはちょっと示唆的である。なぜなら準王が称したものは韓王だったけれども、その統治システムの内実はすでに辰王の走りだった可能性も高まるからである（のちの辰王システムの嚆矢《こうし》かとも思われるが、後述）。

その後、準王もそしてその後裔も絶滅したというが、今でも韓人のなかにはその祭祀を懐かしんで奉る者がいるという所伝までもが残る。

この『後漢書』の辰王をめぐる記述の直後には、「建武二十年に韓人で廉斯《れんし》（地方名）人の蘇馬諟《そまし》等が楽浪郡に詣でた」という記事があり、「辰王」とその「辰王（統治）システム」の雛型が遅くとも後漢時代の西暦４４年（＝建武二十年）前までには存在していたことがわかってくる（ずいぶんと早い印象だ）。

ちなみに、蘇馬諟を光武帝《こうぶてい》が「韓」の代表たる「漢廉斯邑君《ゆうくん》」としているのも特筆されることである。というのも、この1世紀は、かの志賀島の「金印」で有名な「漢委奴国王（印）」などのように、後漢は周辺国を漢帝国の中華的な冊封《さくほう》体制に組みこんできており、蘇馬諟への冊封もその一環に相違ないのだ。反対から言うと、蘇馬諟も周辺国の「王」レヴェルであり、相応の身分だったということなのだが、金印のような現物の資料がないこともあって、一般の歴史ファンにおいての蘇馬諟への知名度も評価も上々とは言えないのが残念である（具体的に『後漢書』光武帝紀では「東夷韓国人」の代表扱いである）。

同じく『後漢書』馬韓条で見ると、《馬韓最大、共立其種（＝馬韓人種）為辰王、都目支国（＝月支《げっし》国）、盡王三韓之地。其諸国王先皆是馬韓種人焉》とあり、辰王の「種」が馬韓人であり、皆によって《共立》されていて、「月支国」を王都とし他の韓地の領域（小国家群）を管理していたことが強調されているように見える。最後の締めの一文では、その諸国王の先（祖先）は皆、馬韓人であるというふうに解釈できる。なお、月支国（目支国）は馬韓寄りの半島南西部に位置していたと考えられている（ソウルよりは南方）。たしかにそちらには前記した海に入って逃れた準王のルートもあって、海沿いの西部にあるほうが平仄は合うわけだ。

より史料性が高く、編纂時代の古い『魏志』弁辰条では、「弁辰韓合わせて二十四国のうち、十二国は辰王が統治している（月支国において）」と書かれており、《辰王常用馬韓人作之、世世相継。辰王不得自立為王》と締めくくられている。「辰王常に馬韓人を用いてこれをなす、世世相継ぐ。辰王自ら立ちて王なるを得ず」と読み下し、辰王は代々受け継がれている様子だが、その分、（なぜか）自ら王となることはできない旨がまるで掟であるかのように書かれている。王個人を選定するのはあくまで協議次第か外野だということであろう（『後漢書』韓伝では上記のように《共立》とある）。この弁辰韓の「十二国」は半島の南部や東南部に位置しているであろうため、こちらの観点を重視するなら、月支国の位置も西部寄りよりも少し中部にあって、弁辰韓と隣接していた可能性もまた一つ考えておきたい。

辰王と臣智②――三韓時代の謎めいた統治システム

もう一つ、『魏志』韓伝や『後漢書』韓伝によると、古代朝鮮の統治システムには重要な点があって、「臣智《しんち》」という首長職の称号があり、リーダー的な人物たちがいたことである。

臣智は『魏志』では馬韓条と弁辰条にその名があらわれており、「長師《ちょうし》」（リーダー）たちのうちの「大者」（トップリーダー＝大首長）のこと。

臣智の次の立場には「邑借《ゆうしゃく》」がある。なお『後漢書』では「臣智、険側《けんそく》、樊濊《はんわい》、殺奚《さつけい》、邑借」の五つの首長層の位階が記されており、これを異同と見るか、文字どおりに馬韓とちがって辰韓のほうでは五つの位階が一般的であるというふうにも見ることができるだろう。

念のため言うと、この臣智のことは『後漢書』韓伝では馬韓条のほか、弁辰条ではなく辰韓条に記述が見えるのだが、『後漢書』辰韓条自体が『魏志』弁辰条から引き写され要約された部分がとても多い上、臣智の件は『魏志』韓伝の「総論」部に書かれていると見るならば、三韓すべてにわたって首長級の役職として存在していたというふうにも把握できる。

トップの臣智に相当する特殊な呼称もどうやら他の有力な地域（小国家）には数々あり、それらが**臣雲**（＝「臣雲新国」）の遣支報、**安邪**《あや》（＝「弁辰安邪国」）の踧支、**濆臣離児**（＝「臣濆沽国」）の不例、**狗邪**《くや》（＝「弁辰狗邪国」）の秦支廉《しんしれん》といったそれぞれの呼称＝「号」である（「」内は皆『魏志』韓伝に出てくる国々の正式名称）。

そして辰王の配下たち（臣智以下）には、魏のほうからそれぞれ率善《そつぜん》邑君、帰義侯《きぎこう》、中郎将《ちゅうろうしょう》、都尉《とい》、伯長《はくちょう》といった別途「官」名も与えられていて、首長層の階層的なランクづけやある程度の官僚（官職）システムが三韓ですでに成立していたことがうかがわれる。

なお、景初《けいしょ》中（２３７年〜２３９年）の明帝の時代になると、「諸韓国の臣智」に「邑君印綬《ゆうくんいんじゅ》」が加賜《かし》されるとあり、その次（邑借）には「邑長」が与えられている（『魏志』韓伝）。この印綬の存在はまさに冊封《さくほう》体制（中国王朝が朝貢してきた周辺君主に官号・爵位を与えて、その統治を認める君臣関係の体制）の物的証拠となるわけで、この時代は２３８年に遼東《りょうとう》の公孫《こうそん》氏（帯方郡を設置した）が滅び、いよいよ半島が激動期に入ってきて、緊張感を増している時代相をも想起させてくれる。

これら韓伝の役職に関してのポイントに、辰王には魏から特別な官も号も与えられているわけではないのに、辰王の配下であるはずの臣智以下になると魏からわざわざ官名や印綬までもが与えられていることが挙げられる。素直に解釈するなら、辰王制度はすでに独特な三韓エリア内のシステムであって独立性が高いため、「外部」からちょっかいを出すような真似はしなかったということらしいのだ。

後漢時代に辰王システムはすでにあったと文献上では見られ、当の後漢も辰王の存在を容認し、良好な棲み分けのような関係があったようである。それが魏の時代に入ってからは、その三韓に対する口出しは厳しくなっていった。そのことがのちに領土問題として引火・爆発することになる。

ともあれ、このように当時のこの地の統治システムは、魏と辰王と臣智（地域首長層）の三者によるいささか入り組んだ構成になっており、「結果」だけ見ると不透明で謎めいている。


[臣智と地域首長層に相当する「号」と「官」]

「号」　「官」
臣智（一般的な「諸韓国」）　邑君
邑借（その次）　邑長
遣支報（臣雲新国／馬韓）……以下、傍線は臣智相当レヴェルの大首長の名

踧支（弁辰安邪国／弁辰）
不例（臣濆沽国／馬韓）
秦支廉（弁辰狗邪国／弁辰）

さらにもう一つ地域の特性として書き加えておきたい点があって、『魏志』韓伝で辰王に言及している弁辰条のすぐあとに、《国出鉄、韓濊倭《かんわいわ》皆従取之》という一文が見えることである。つまり弁辰では鉄が豊かに産出し、韓濊倭がこれを取得しに来、諸市はこれを買い用いるというのだ。この情報が書きこまれている場所からしても、辰王政権は弁辰と深くかかわり、鉄生産の中枢を掌握していたことが推量される（１世紀後半～２世紀に半島で鉄の生産が開始されたというのが通説）。鉄製武器はじめ鉄器の生産拠点がある弁辰は、小国なれど国の運営の上では大きな権益を有していたわけである。▲注

▲注……やや困るのは、これが『後漢書』韓伝では、《国出鉄、濊倭馬韓並従市之。凡諸易、皆以鐵為貨》というふうに『魏志』韓伝弁辰条に酷似した記述が「辰韓条」のほうに出てくることである。本文でも述べたように、『後漢書』は『魏志』韓伝を参照しつつ引き写ししているところが多く、実質この記述も弁辰についてのものと見られる。もともと弁辰と辰韓は人種的にも文化的にも区別がつかぬほど近しく、実際に「弁辰韓」というまとめた表記もあるほどである。こういう差異と同一性につき単なる記述ミスか意図的な書き分けなのかは判断が必要である。とはいえ、弁辰エリアにこそ鉄の産地があったことは衆目が一致しているところだ。

「辰王問題」の決着へ①――辰王は「三韓之地」の王なのか？

さて、この『魏志』韓伝と『後漢書』韓伝では、辰王をめぐってのことにかぎらず情報が錯綜しているところがまま見受けられる（『魏志』が採用している『魏略《ぎりゃく》』も入れると三つの情報源がある）。旧三韓にまたがっている記述であり、時系列がつけづらく、矛盾するような点も少なくない。たとえば辰王について、『魏志』はつねに馬韓人であったと記すが、『魏略』では「明らかに流移《りゅうい》之人であり、そのために馬韓に制せられる」と思わせぶりに語っている。『後漢書』では、辰王の起源と経緯として、「韓王」準王が去ったあとに、馬韓人が辰王に復位したというふうに読めるのだ。その部位は「また（＝復）自ら立って」辰王になったと読み下すのが通常なので、ということは準王が来る以前にも辰王システムはあったことを含意しているはずである。

また日本語で解釈する際に注意しなければならないことがある。たとえば、『後漢書』韓伝における重要なフレーズ《馬韓最大、共立其種為辰王、都目支国、盡王三韓之地、其諸国王先皆是馬韓種人焉》についてである。ここでは、「盡」字を「尽きる」という動詞と解釈すれば、「三韓の地に王は尽きた」という意味となり、辰王ですら名前とは裏腹に「王」ではないということになる。ところが、「盡」を「尽（ことごと）く」という副詞と解釈するならば、「ことごとく三韓の地に王たり」というふうにも読め（定説）、半島に辰王が覇を唱えていた印象となって、ずいぶんと状況が様変わりするのである。これが石渡が重要視したであろう「あるフレーズ」である。

辰王もしくは辰王の系譜が列島に渡来して崇神天皇になったとする江上波夫の説においても、この「盡」を副詞の「ことごとく」と取っていて、辰王の偉大な「王」っぷりを強調したかのような解釈につながっている（その江上説でもその後の辰王は周囲に挟撃されるなかその版図は縮小してゆくわけで、それで倭に渡ってゆくという方向へと流れ出す）。

そして、新石渡理論においても、「三韓之王」たる辰王の勢威が強く、半島南部をやがては制していったというふうになっているのは、この字を副詞と取って、辰王の力が圧倒的で強勢であるように解釈しているからにほかならない。

辰王は純粋な固有名詞ではなく、集合名詞的な固有名なので、代替わりでつづいていったものではあるが、その盛期は『魏志』韓伝に記された事実からも３世紀と見てよいだろう。そうするとその辰王がいつ半島で滅んでいったのか、あるいは消えていなくなったのか、という次なる重要問題が持ち上がってくる。

そこで私の見解だが、漢文の類例などを見ても、たとえば「盡用木（ことごとく木を用いて）」というふうに副詞として使用される場合では、次に動詞（「用」）が来るのが常道だと思われるし、この韓伝でも本来は「三韓之地」は普通の修飾語と解釈したいところなのだ。だから「三韓の地に王は尽きた」と本当は逆張りで読みたいのである。ただ、この文脈では、「尽きた」はずの王なのに、すぐあとでは《其諸国王》というふうな具合で王（辰王）はやはり存在しており、それでは矛盾が起こってしまう。するとどうしても、辰王は少なくとも局地的には勢力があり強盛だった点は否定しようもなくなる。辰王の偉大な専制君主としての強大さがなかなかその他の史料にのぞき見ることができないというきらいもあるけれど、江上＝石渡系による強大な王としての辰王という見立てに、一応筋は通るのである。

このように、細部では論争点もあるわけだが、一番肝心な点は、荒れていた半島情勢も、1世紀、2世紀とたつにつれて収束してゆき、帯方郡ができた3世紀初頭にはすっかり「辰王（統治）システム」が機能していた、ということであろう。

辰王が馬韓人なのかそれとも流移之人（『魏略』）なのかはまだ持ち越しで判然としないものの、「後漢―帯方郡」の大きな支配下で「倭韓」も落ち着きを見出していたということだ。

「辰王問題」の決着へ②――分割辰韓激怒攻撃事件から「二郡遂滅韓」へ

この3世紀初頭にいったんは落ち着いた半島情勢だったが、もとより波乱含みであり、火種が燃え上がることになった。改めて、『魏志』韓伝を見てみると、大きな事柄が3世紀半ばに持ち上がっていたのがわかる。韓伝馬韓条に書かれているある大事件（紛争）があるのだ。

それは、「（魏は）辰韓のうち八国を分割して、それを楽浪郡の領有としようとし、臣智や韓サイドが激怒する。彼らは崎離営《きりえい》を攻撃する。帯方太守の弓遵《きゅうじゅん》、楽浪太守の劉茂《りゅうも》はこれを征伐するが、弓遵は戦死する。（魏の）二郡はついに韓を滅ぼした」という大事件である（原文《部従事呉林以楽浪本統韓国、分割辰韓八国以與楽浪、吏譯轉有異同、臣智激韓忿、攻帯方郡崎離営。時太守弓遵、楽浪太守劉茂興兵伐之、遵戦死、二郡遂滅韓》）。

ここは注目ポイントなので、分け入って説明したい。三韓時代の3世紀に、「辰韓」（十二国）のうちの八国を、楽浪郡（この時は魏の直接支配）がかつての支配関係の歴史を根拠として、分割し、無理やり楽浪郡の領有としようとしたことが発端となった。さらに言葉・翻訳も行き違いをしたとあり、《臣智激韓忿、攻帯方郡崎離営》というわけで、「韓」だけではなく「臣智」（大首長）がなにより激怒し、怒りの矛先を帯方郡に向けて、武力で攻撃に出たわけである。

　この激怒した「臣智」は馬韓や弁辰の臣智だとしても、「韓（忿）」の怒っている主体がよくわからないところで、この時代、曲がりなりにも弁辰韓（もしくは弁辰）の最大の統治者は辰王であるわけだから、まずは辰王とその一党が「韓」の第一候補となるし、韓の民衆が大蜂起したというふうにも読める。問題は、結局のところ辰王自身も滅びてしまったのかどうか（「滅韓」）？ということであって、ここはちょっとひと筋縄では行かないところなのだ。

　この「分割辰韓激怒攻撃事件」は、『魏志』韓伝や『後漢書』韓伝だけでは年次も時系列も必ずしも見えてこないのだが、他史料の部位（たとえば『魏志』三少帝紀や『魏志』濊伝など）を重ねてみることで、以下のような事項が時系列でわかってくる。この大きな事件がいつごろ起こったのかも実は判明してくるのだ。まずは２００年代頭からの関連年表で確認してみよう。

２０４年　公孫康《こうそんこう》（後漢の遼東太守だった）が屯有《とんゆう》県以南に帯方郡を置く、曹操とも連携（倭韓も遂に帯方郡に属すようになった／「辰王システム」のピークか）

２２０年　曹操（魏）、死す。子の曹丕《そうひ》が継ぎ、後漢から禅譲を受けて、文帝に（魏王朝）。

→その後は、明帝が有能な司馬懿《い》を用い、勢力拡張

（司馬懿は「死せる孔明、生ける仲達を走らす」の仲達のこと。のちの晋の宣帝）

２３７年　公孫淵《えん》（公孫康の子）が独立、孫権（呉）と結び、「燕王」となる

２３８年　公孫淵を司馬懿（魏軍）が滅ぼし帯方郡を接収（魏の直轄に）
２３９年　明帝、死す（一月）
２４０年　弓遵《きゅうじゅん》（帯方の新太守）が詔書・金印紫綬を梯儁《ていしゅん》に持たせて倭へ
２４５年　楽浪太守・劉茂、帯方太守・弓遵が東濊（濊の同族・後裔）を攻める（『魏志』濊伝）
２４６年　二月、毌丘倹が高句麗を討ち、五月、濊貊を討ち、破る。
韓那奚《なけい》等数十国各率種落降。秋八月戊申、～（三少帝紀）

――ここまでが、辰王をめぐる事態が動いた半島史である。魏が公孫氏を滅ぼして帯方郡を直接支配するなど、魏の半島南下策が厳しく強化されてきた様子が見て取れる。右の年表では『魏志』韓伝の情報だけではなく、他伝の記事を組み合わせており、そのことで、事態にはじめて有機的なつながりが生じてくる。

西暦２４５年（『魏志』濊伝）、２４６年（『魏志』三少帝紀）と、この争乱直近の「前史」では、魏は半島北東の濊《わい》（東濊《とうわい》）や高句麗、濊貊を遠征しており、半島の「東」「北東」サイドで事態が進行していっている文脈が形成されている点も改めて見て取っておきたい。なお毌丘倹《かんきゅうけん》は魏の猛将であり、２４２年から対高句麗を中心とした戦闘の中心にいた。

この戦闘エリアのすぐ「南」が「弁辰韓」二十四国であり、そのうちの十二国が辰王の統治エリアである。この対高句麗戦をめぐる半島北部の混乱と、半島南部の「分割辰韓激怒攻撃事件」は無関係ではない。魏の締めつけあるいは再編成の一環として、半島南部への「ちょっかい」があったというわけだ。３世紀半ばにおける不穏な半島北東部の情勢において、半島の東南部（辰韓）へとついに火の粉が降りかかってきて（《分割辰韓》）、臣智と韓は武力反抗を決意したのだろう（辰王の名はないので、紛争当事者となったか仲介者となったかはわからない）。

「辰王問題」の決着へ③――反乱は西暦２４６年（正始七年）

では、具体的にこの時間軸の流れのなかのどこに、辰王の去就・消息をめぐる重大局面があるのか、具体的には「分割辰韓激怒攻撃事件」がどこに挿入されるべきなのか、それを説明しよう（さらには、どの程度、この「争乱」と辰王がかかわっていったかを素描してみよう）。

やはり《二郡遂滅韓》の五文字が強烈な印象を残すし、「滅んだ」「韓」とはいったいどの「韓」のことなのかという問題が焦点になってくる。ポイントは、さしあたり三つあると思う。①記述が馬韓条にあること、②帯方郡を攻めたこと、③「辰韓」八国分割という発端、といったところである。

前提情報を示したように魏は、２４５年、２４６年と軍を動かして東の濊、高句麗を討ち、濊貊を制圧してきている。半島の東部、北東部を攻めてそこを押さえてきた。東方支配をめざしていたのである。だからこそ、半島の更なる再編成の必要に迫られて、かの「分割辰韓」という事態に立ち至った。辰韓が半島南部における東エリアであることも想起してみれば、いかに臣智たちにとってこれが差し迫った脅威であるかはわかる話だ。

そしてなによりも重要なのは、２４５年に弓遵《きゅうじゅん》（帯方太守）が東濊（半島北東部）を攻めている（『魏志』濊伝）ことから、この245年には弓遵がまだ生きていたという消息がわかるため、分割辰韓激怒攻撃事件から《二郡遂滅韓》への年度がこの245年より以降であることが確実に判明するのだ（P86 年表の傍線）。

年表の246年の最後には《韓那奚《なけい》等数十国各率種落降》という字句がある。この246年の事項は、『魏志』三少帝紀（斉王紀）から私が挿入したものである（斉王は魏三代皇帝の曹芳《そうほう》）。国名はよくわかっていないながらも、《韓那奚等数十国》とされる数十にものぼる国の人間たちが落ち降った事実がわかり、上記してきたように半島におけるなんらかの事件や戦乱の終結をそこに見出さざるをえない。つまり、この唐突な落ち降りの項目を、「《二郡遂滅韓》の結果」だとする説が近年の傾向だということである。直前の「高句麗や濊貊を討った」という文の主語は毌丘倹であるが、そのあとにつづくこの《韓那奚等数十国各率種落降》と毌丘倹の行軍はさすがにまったく関係がないと思われる。前後の文脈に隣接関係がないからである。むしろこの《韓韓那奚等数十国～落降》字句に因果関係があるのは、同じ『魏志』でも韓伝（馬韓条）の内容（「分割辰韓激怒攻撃事件」）であるという点がやや複雑なのである。ここの前後関係を改めて再構成してみる。

245年　楽浪太守・劉茂、帯方太守・弓遵が東濊を攻める（『魏志』濊伝）

246年（正始）七年春二月、幽州刺史《ゆうしゅうしし》・毌丘倹討高句麗、夏五月、討濊貊、皆破之、～（ここに「分割辰韓激怒攻撃事件」から弓遵の戦死、《二郡遂滅韓》までが入る）～韓那奚等数十国各率種落降。秋八月戊申、～（三少帝紀）

右の傍線をつけた「分割辰韓激怒攻撃事件」から始まる《滅韓》に至る事態が、２４６年二月以降のこの部分（Ｐ８６の２４６年の項）に挿入されることになる。そうすると《落降》のあとに《秋八月～》で始まる別記事もが入るので、この韓那奚等数十国の落ち降りの件は、２４６年夏のあいだ（旧暦の五月中～八月以前）の出来事であることも推理できるし、「分割辰韓激怒攻撃事件」の最終結果として関連があるのもほぼ確実だ。この争乱「事件」は、２４６年のほぼ夏の出来事なのである。

ちなみに、死んだ帯方太守の弓遵にかわり、２４７年にはそれまで玄菟太守だった後任の王頎《おうき》がやってきて新太守へと交替している。

この一連の争乱事件については、こうした情報が点と点のようにあるだけなので、「点から線へ」の形成は難しく、ここには定説らしい定説はないようにも思われる（それだけ複雑な状況である）。が、あえて定説的な見解を探して紹介すれば、「辰王問題」について、朝鮮史の第一人者である武田幸男は、分割辰韓激怒攻撃事件から半島を巻きこんだ大きな争乱が生起していったというふうに見ていて、《数十か国が決起》し、二郡遂滅韓においてまさに滅んだのは「辰王」本人であるとまで考察している。これは、史料的に辰王死すという文字情報はないので、やや踏みこんだ推理である。

一方、石渡は、あくまで滅んだのは「辰韓」にすぎないというわりと穏当な考えを採用し（韓国学界もそれが一般的)、辰王一党が滅んだというふうには見ていない。石渡理論では、分割辰韓激怒攻撃事件は限定的な半島の争乱であって、半島挙げての決起戦であるとは見て取っていない書きぶりだ。だが私は、この石渡説よりも、武田のようにやはりそれは紛争(局地戦以上のもの)であって、かつその後の地殻変動につながっていったのではないかと見たほうがよいように思っているのだ。

なぜか? 先に三つのポイントと述べたところから解読してゆこう。この記事そして記事内の「(滅)韓」が馬韓条に載っているという点がまずどうしても気になる。そもそもの事件の着火点は、辰韓八国を分割しようという魏=楽浪郡サイドのプランなのだから、辰韓についての問題であろうし、この項目は本来ならば馬韓条の次の辰韓条にこそあってしかるべきではないか。それが辰韓条ではなくてあえて馬韓条にあることの意味は何なのか?……そう考えると、実際に馬韓条前半の総論部において最後のほうを占めるのは《辰王治月支国》という文である(その後、時系列で古い準王の話から再開されてゆき、その流れの終結においてこの《二郡遂滅韓》があらわれて、あとは習俗などの話に移ってゆき、次の「辰韓条」に移る)。

つまり、総論部末尾の《辰王治月支国》で示された一般状況に引きつづくような形で、最後に大争乱で終結したという流れを読み取ることが可能なのだ。辰王がまったく争乱に無関係で、そしてノーダメージでもあると捉えることはやはりできないのではないかと考えられる。とともに、馬韓の国々も多くこの乱に巻き込まれていった大きな事実があるために、辰韓条のみに限定的に記すことはためらわれた、と。

さらに、激怒した韓族たちによる帯方郡攻めを考えてみても、もっとも軍を動員しやすいのは半島西部（帯方郡に近い）の馬韓軍であるはずだ。辰王はどうやら馬韓人でありながら弁辰韓の統治者だが（前述）、その「都」を置くところは馬韓内の月支国であり、三韓のなかで帯方郡に近い西部にいるのがこの辰王なのである（もちろん馬韓諸国の臣智たちも近くにいたであろう）。ましてや、問題となった当の辰韓の統治者もまた、この辰王その人である可能性が高いわけだから、場所性・関係性からも辰王以上にこの問題にかかわれる人間はいない。辰王はこの問題の直接関係者ではなくても、総合的な当事者ではあることに変わりはないはずなのだ。

またもう一つ見逃せない観点がある。「分割」事件に関するいざこざが記される《臣智激韓忿》ということの表現は、対句的な「ＳＶ構造」と見られ（The sun rises and the sun sets. のように）、この「臣智」は場所性（地域性）から言っても馬韓か弁辰（もしくは辰韓）あたりの臣智（大首長）であろう。そして「韓」のほうは流れと文脈からして当事者たる「辰韓」の国々とその人びとであると見て取るのが妥当。ところがここで難しいのは、この文字列に違和感がどうしても残ることだ。というのは、この辰韓エリアの「主体」（主人と言ってもよい）は、まさに『魏志』韓伝でうんぬんされる「辰王その人」でなければならないはずなのに、この語句に「辰王の雰囲気」や「辰王の実質」が毛ほども感じられないわけなのである。これが辰王主体の反乱であるのなら、ごく当然のように「辰王激韓忿」とでも明瞭に記せばまさに通りがよいはずであろう。そうなのだが、わざわざ「臣智」を前面に押し出している表現ぶりがどうしても気になるのである。「臣智」とは、上記したとおり（『魏志』韓伝）、馬韓と弁辰において明瞭に存在していた指導者である（王ではない）。すなわち語句の解釈はこうなるはずだ。辰王ではなく、一部か多数の馬韓の（そして弁辰・辰韓の）

臣智たちが主体として激怒し、その国々の韓人たち（領民）も声を合わせるように憤激したと。

となれば、この争乱の主体者そして結果としての敗者も、三韓諸国のトップリーダーの臣智たちであるといっても過言ではないように思われる。だから、そうなると「滅んだ」のは辰王ではなく、この一連の曖昧で特殊ではあったが「三韓」システムとして内部では安定していた、辰王と臣智たちをトップに据えた「統治システム」自体ではないのかと考えられる。

そこで、半島情勢のガラガラポンというか統治制度のシャッフルのようなことが結果あったということにつながってゆく。なぜなら、この後の270年代末から280年代以降の歴史資料（たとえば『晋書《しんじょ》』）に、馬韓も辰韓も「外交主体」としてその名が何度も登場してくるからである。そこには辰王の影はもうない。どっこい馬韓も辰韓も生きのびていた記録が残るわけだから、馬韓・辰韓が滅んだわけではなく、システムとしての三「韓」が滅び、あるいは変化しただけだということにならざるをえない。逆にそうでないと、「遂に滅んだ」という言葉の「遂に」の筋が合わなくなる。なんとなれば、繰り返すが、何の気もないように馬韓・辰韓はともに280年代にその名が文献史料に登場してくるからである。

石渡説には、ここの《臣智激韓忿》自体への分析はなく、上記した《韓那奚等数十国》との対応関係・因果関係にも言及はなかった。この両者を結びつけてみれば、きっとこの時代の絵図は変わって見えてくるはずなのだ。

「落降」した主体は？――謎解き『魏志』「韓那奚等」

次いで、この降伏したという《韓那奚《なけい》等数十国》とはどこの（何の）国々を示しているか？　そこに辰王は入っているのかいないのか？　そして、この記述が、どう先の《臣智激韓忿》という記述と関係し、対応してくるのか？――詳しく検討してみよう。ポイントとなるのは、上記の三少帝紀（斉王紀）における《韓那奚等数十国各率種落降》の「韓那奚等」の並びについてである。

通常、この「那奚」のほうは、『魏志』弁辰条に記されている一群の国々（P106参照）のうちの「冉奚国《ぜんけい》」と等置されることが定説だ。「奚」字が同じなのと、「那」と「冉」が崩せば類似しているからである（たとえば、本書で頻出する狗邪韓国の「狗」の字（『魏志』）も「拘」の表記（『後漢書』や『魏略』）となっているものもあるが同義とするのが普通）。

弁辰条には二十数か国の国名がまぜこぜに記され、そのうち「弁辰○○国」というふうに頭に弁辰がつく国々は約十二ある（「約」というのは反復もあるためカウント次第となるから）。すると「弁辰～」がつかぬ「冉奚国」は辰韓サイドの国の一つであると見て、まずまちがいがないだろう。ほかに類似した国名がないために、ここはこのまま「那奚＝（辰韓の）冉奚国」の等式を採用しても無理はないはずだ。

そこで残る問題は、《韓那奚》における「韓」のほうである。先の《臣智激韓忿》のほうの「韓」は、韓地の人びと、民衆、兵たちというくらいでいいと思うが、こちらはどうであろうか？　「韓」は、半島の国々（や地域）の総体を称する韓地としての「総称」の語と取ることもできるから、「韓那奚等」の並びは「韓の（韓国の辰韓国群のなかの）那奚等（数十国）」という意味にほかならない。これが現在のファイナルアンサーである。

文脈的にも、直前に記される「毌丘倹が高句麗を討つ」で始まる記録と、明らかに扱う内容は別の地のものであるし、その地域性を改めて明示するために、単なる「那奚等数十国」の表示では状況がわかりにくいと判断され、頭に「韓（国）の～」という言葉をつけてその領域を明示したのであろう。

だから、この解読に従うと、新規に「真相」が見えてくる。それは、一連の《分割辰韓八國以與樂浪》騒動から開始された争乱事件で、結果的に敗走し、落ち降った「主体」は、《那奚等数十国》に限定してよいということだ。「那奚」（＝冉奚国）には「弁辰～」がついていないことからも、辰韓諸国内の代表的な有力国と見ることができる。辰韓分割を発端とした事件は、非辰王系の辰韓内の国を中心とした諸国の降伏で終焉した――という結論でよいと思う。弁辰韓には合わせて二十四か国しかないので、「数十」という言葉を信じるなら、馬韓諸国のなかの相当数の国々もカウントし含めなければ、その数に達しない（馬韓諸国からの降参は必須なのだ）。

肝心なことは、「那奚（＝冉奚国）」がそこまでメジャーな国ではないために、この戦いの全体像が修正されなければならないこと。少なくとも辰王系の国々は、主従で言うならば「主」であったとは言えないのではないかということだ。

滅「韓」とは？――辰王政権は「246年争乱」で滅んだか再ブレイクしたか？

ここで先に検討した《臣智激韓忿》と《二郡遂滅韓》の意味合いが再帰してくる。というのは、臣智が先（主）に来ていることからも、三韓諸国の臣智が主導し、辰王系はせいぜい「従」として呼応したという程度だと私は改めて考える。辰王一派にすればむしろ降りかかってきた火の粉である。そうした事態がこのあたりの文脈から推理できるのである。

おそらく、戦い自体は、帯方郡（ソウルあたり）をこの韓連合軍が攻めたために「西部戦線」で開始され、そのため当然、臣智が率いる馬韓も矢面に立ったであろう（馬韓には臣智がいたという情報）。やがては魏軍の大規模な「反抗攻勢」もあって、途中からは「東部戦線」でもおこなわれていったように推論される。そのなかで韓軍の戦況が不利となっていった。もちろん大前提として、当時の「韓」の中心人物は、名目上、辰王なのだから、辰王が争乱にかかわらなかった、とは断言できまい。同時に辰王が開戦を回避したかった可能性もあれば、途中から戦乱を収束させたかった可能性だって考慮しないわけにはいかないのである。なにせ結果的に辰王が滅亡したとか、月支国が滅んだとかの記録はなく、途中でもそれらの固有名も挙げられていないからだ。いわんや、見てきたように、発端ですら《臣智激韓忿》とあって、「辰王」の字句はない。いったんは辰王をニュートラルに宙吊り状態にして見なければ公正とは言えないだろう。したがって、私は、この戦乱の中心から外れたところに辰王がいたと今では解釈している。非辰王系の反乱勢力（馬韓の臣智主導で弁辰・辰韓の臣智も参加）が争乱の中心（主）で、辰王は従だったという論点に立ち至らざるをえないのだ。

この非辰王系の反乱勢力は、結果、「冉奚国（＝那奚）」を中心とした馬韓に及ぶ数十か国として、魏に落ち降っていった。これが史料が示す確定情報である。武田が解釈するような辰王勢力の死滅は確認できないというのが史料的には正確なところなので、私は武田説を採らず、以上のように解釈している次第である。「その死」を確認できていれば他の戦死例のように文献に大々的に載せるはずであろうし、実際は、行方知れずで勢力も散り散りになっていったというぐらいの認識なのだと推察される（ここは石渡説と私見は同じで、辰王はここでは死んではいないと思っている）。

この解釈で行く場合、結果としてのちに成立して盟主となった金官国（金海）の主要メンバーに、辰王（もしくは辰王系）の系譜を関連づけて据えるか否かという新たな問題がせり上がる。

たとえば武田幸男は、この3世紀中盤の一連の戦乱をいわば過大評価しているような節がある。《韓を滅ぼしたというこの事件は、辰王政権の結末に直結していたはずである。》（『隋唐帝国と古代朝鮮』）とまで書いている。すなわち「辰王問題」は、この戦いで最終決着したという見立てである。一方、石渡は、ふれたように「滅んだ」のは辰韓にすぎないという見解を採用し、辰王政権は無事であったという立場を取る（そこからの勢力拡大、半島での大きな躍進がリスタートすると）。

私のこれまでの行論から考えても、この両者の見解はともに「極論」であり、辰王の生死に関してはともに「グラデーションの両端」に近いところにあると思うしかない。実は、それにもかかわらず、武田の見方にはとても示唆的で石渡説との共通点もある。それは、「帯方郡のネットワーク」という言い方をしながら、《辰王が張りめぐらした幹線ネットワークの要衛拠点は、朝鮮半島の西海岸から南海岸に沿ってひろがり、その先は卑弥呼の日本列島にむかっていた。》と書いているほどに（同書）、辰王こそが当時大きな半島〜列島ネットワークのその中心にいたと認めているところである。

こうした「辰王ネットワーク」論への言及はむしろ意外なほどのシビれる着眼で、武田説に恩寵を貫ったと思えるようなもの。それほどに辰王の辣腕ぶりはすでに強調されており、卑弥呼と並び立つような存在として学界で再確認されてもいるわけだ（日本ではまだまだ名前がポピュラーではないけれど）。ただそんな大きな（幹線・情報の）ネットワークがあったにもかかわらず、そこまで専制的・一円的な支配をしていたわけではないというのが辰王問題の悩ましさでもある。上記のように、武田は２４６年で辰王は滅んだとするが、石渡はこのネットワークを有効利用しながら再領国化に成功したとする。だからこそ私が採用したいのは、このグラデーションの中間点といったところである。

改めてまとめると、こういうことだ。

滅んだ「韓」とは、たしかに「辰王政権」（武田）と呼んでもよい長年にわたる統治システムやネットワークの方法自体ではあったが、文献には「落ち降った」主体として「月支国」とも「弁辰狗邪国（あるいは狗邪韓国）」とも決して記載されていないわけであって、これまで推理してきたように、直接滅びたのは非辰王系の反乱した国々であると私は見る。「辰王が滅んだ」とまではとても明言できないはずなのだ。むしろ、滅んだ「韓」に関して言うなら——石渡が説くように——より限定的な辰韓にすぎないとするほうがずっとましである。

ただ、その場合でも、「那奚」を中心とした「数十国」が「落降」したという重要な字句には、馬韓諸国の劣勢・退潮が含意されているため、そこからのちょっとしたV字回復をすぐには説明できないために、石渡説にもそれだけでは苦しいところはある（少なくともきちんと過程を説明をしなければならないことも出てくる）。なにせ新石渡理論では、辰王一党はこの乱ののちも百済（のうちの伯済国）を中心に勢力を拡大し、「前期百済系倭国」として半島南部に覇を唱えるというように大きく雄飛した姿が描かれているからだ。その場合、月支国と伯済国《はくさい》が隣接していたり重なっていたという条件が必須となるだろうし、勢力拡大の時系列的な展開ぶりを跡づける必要が出てくる。

旧石渡理論ではそこまで辰王にこだわっていなかったために、よくも悪くも理論の「無難さ」が維持されていたのに、ここまで辰王を大物扱いしてしまうと、逆に風呂敷を畳むことが難しくなってしまい、リスクも生まれてくる。数十か国が降参したという事態にもかかわらず、そのエリアに深く関与していた辰王中心の国ばかりが繁栄してゆくシナリオを描くことは難しい。私はむしろ大風呂敷はひろげず、風呂敷を畳みやすい「旧石渡理論」のほうが当時の時代状況を言い当て、回収しやすいと思い、そちらを信奉してすらいるのである。だから、こちらの新石渡理論は完全には採らない。あえて言えば、私は、旧石渡理論を「復活」させるために、ここまで細部にこだわって考え、論じてきたという次第なのだ。ただし完全には採らないけれど、それを跡づけてみる価値はあるので、これらすべての諸情報と文脈を合理的に解釈するために、以後、いろんな可能性の絵図は描いてみるつもりだ。

なお、「補遺《ほい》」として、別のアプローチも掲げておく。いま私は、反乱軍は馬韓の臣智によって主導された旨を告げたが、先にちらっとふれたように『後漢書』辰韓条によると、実は、臣智は——弁辰ではなく——辰韓に存在したことになってくるので様相が変わってくる。辰韓条には《諸小別邑、各有渠帥、大者名臣智、次有險側、次有樊秖、次有殺奚、次有邑借》とあり、『魏志』韓伝では臣智は馬韓条と弁辰条にあるから、そこに差異があるわけだ。

この『後漢書』の記述どおりに受け取ると、実はこの戦いの発端となる《臣智激韓忿》のキーワードにいっそう合致してくる。というのも帯方郡は全羅道《ぜんらどう》・京畿道《けいきどう》に近く馬韓エリアであり、発火点の辰韓にも臣智はいることになるから、激怒する主体や反乱軍の主体（主役）に「馬韓＆辰韓」が構成されやすくなるわけだ（だから、『魏志』韓伝より、『後漢書』韓伝のほうがこの理論に親和性があるというわけ）。そんなわけで、こちらの史料からの読み解きのほうも紹介する次第である。

いずれにせよ、「辰王が滅びた」というふうな結論に私が賛同できない理由は、辰王ほどの名前が戦史に出てこない以上、明らかであろう。《滅韓》の「滅びた韓」はせいぜい「辰韓」（しかも非辰王系）にすぎない、という石渡説のほうに軍配が上がるし、賛同できる。とはいえ、三韓エリアをそれまで落ち着かせていた辰王統治システムが崩壊したその時から、韓の地は新しい枠組みや盟主を求めて再始動することにはなっていったわけである。

よって、「見出し」に対する答えを与えるなら、辰王はむろん滅びてもいないが、（石渡が説くように）辰王系の王国を新たに建国するような再ブレイクをはたしえたかというと、むしろ「？」マークがつくということである。ただ言えることは、辰王がからんだかどうかはともかくとして、ポスト２４６年の時代において、半島南岸の金海地域には「一大勢力」の文化が興ったことを告げる重要な遺跡群があって、今に残っている事実である。

ポスト２４６年へ①――馬韓の場合：「独立」

さて、この運命の２４６年争乱の戦後、馬韓も辰韓も大きなダメージは当然受けたことだろう。

だが、当事者性のより薄い参加者＝馬韓のほうがより傷は浅く、その後三〇年ほどを経、277年から数回にわたって、西晋の武帝に遣使朝貢している記録が残っている。

この3世紀後半は、いよいよ魏（曹魏）の内部でその第一の重臣であった司馬懿《い》がクーデターを起こし、すったもんだの末、その孫・司馬炎によって265年には晋《しん》（西晋）が成立する。東方政策としては平州が設置（274年）されて、遼東や半島は再編された。この新王国と平州に対して半島の諸政体も無視を決めこむわけにはいかなかったわけである。

『晋書』馬韓条には、《其主しきりと使いを遣《つかわ》して方物（産物）を貢す》とあるような具合で、馬韓の《主》の存在が確認できる。馬韓では伯済《はくさい》国（一般的には漢江下流域に位置した）がこのあと中心となり馬韓諸国のなかで「盟主」へと成長してゆく（のちの百済《くだら》である）。争乱前までは辰王が治めていた月支《げっし》国が盟主となっていたはずであるが、月支国がその後も盟主国のままさらに興隆したという明白な記録はない。辰王が不在となったので、月支国が歴史から消え、鬼の居ぬ間とばかりに伯済国が諸国を抑えて台頭してゆくと見るほうがフェアであろう。

逆に言えば、新石渡理論は、ダメージが結果少なかった（はずの）馬韓の「その後」を見て取って、その馬韓の中心勢力がそれまで月支国だったことに着目し、当の月支国の「主」が辰王だったことから、辰王の勢力拡大論を採用していったのかもしれない。「月支国―伯済国」間の橋渡しや連携を重視しさえすれば、そのまま辰王がのちの伯済国の王となり、やがては百済の中心人物となった――という流れも一応追えるからである。私はその説――月支国が伯済国を併呑した――は採らぬが、読者にはそうした観点も提供はしておきたいと思う（後述）。

また念のため言うなら、この時の細かい問題として、『晋書』に出てくる朝貢した「馬韓」の政体というのは、そうした「プレ百済」の伯済国ではなく、旧来の馬韓勢力の代表が朝貢したという見方もできなくはない。伯済国は朝貢団のなかのあくまで一国という見方もあるのである。近年は、馬韓諸国は「伯済国＝百済」によってすぐには制圧されずなかなか馬韓統一には時間がかかったという研究もあるため、一説としては残しておきたい考え方である。とはいえ、小国群の代表のことを史料で《其主》と呼ぶかどうかと思われるので、私はやはり伯済国の後身がこの朝貢の主体と取りたい。ここは幅の問題なのでそこにはそれほどこだわってはいないけれど。

ともあれ肝心な点は、旧三韓のポスト２４６年状況において、スムーズに「独立」へと歩み出した小国家が、百済の前身である伯済国であることはまちがいないということである。

ポスト246年へ②――辰韓の場合：「入り組み」

一方の辰韓のほうは、反乱の「主役」であった分、全体的にはそのダメージは大きかったであろう。だが当の「八国」に含まれない辰韓諸国もはじめからあるわけで、戦後は残りの四国――辰王の旧来の統治国であり争乱不参加国群と私は見る――で再編が進み、なかでも新しく斯盧《しろ》国（のちの新羅《しらぎ》）中心に大きく再起が遂げられていった。やはり辰王統治（支配）のシステムがなくなって、少なくとも辰王の影響力は縮小したわけで、斯盧国は自在に国力を増強できたはずなのである。やはり馬韓と同じように２８０年から２８６年まで三回ほどだが辰韓は西晋に朝貢している。

ここで斯盧国が出たついでに、もう一つだけ、少々「くどい話」につきあってもらいたい。くどいがそれだけとても重要なことである。それは、ちらっとふれてはみたが、例の「辰韓八国分割～」にある、「八国」をめぐる細部についてだ。この「表現」を裏返せば、「辰韓諸国内の当の八国と残りの四国」とを弁別する見方ができるはずである（辰韓は全部で十二国あったから）。魏が辰韓から八国を分割しようとした、ということは、残りの四か国は「そのまま」だったということにならざるをえない。なぜそのままだったのだろうか？　――それは辰王に懐いている領国であるために切り崩しにくかったのでは？という推理もできるのだ。そもそも、これまで、この残余の四国について言及する研究を私は見たことがなかった。

そこで、私は、これをこういう構成にしてみた。すなわち、辰韓八国以外の「辰韓四国」こそが、辰王の勢力範囲だった、という考えを採るのだ。こう考えてみると、見えてくる図式がある。

「辰韓八国」……辰韓A（＝非辰王系の辰韓国群）
辰韓四国　……辰韓B（＝辰王統治国／斯盧国も含む）
弁辰数国　……弁辰A（＝非辰王系の弁辰国群で、四か国か？）
弁国　　　……弁辰B（＝辰王統治国で、八か国か？）

このように「弁辰韓二十四国」を四つにカテゴライズすることができると気がついたのである。この四つをさらに分別すれば、**辰王の統治国群**＝「辰韓B＋弁辰B」としてモデル化できるはずだ。

辰王の統治した国々が弁辰韓で「十二」であると史料にあるため、辰王系の領国を辰韓四国と考えるなら（辰韓B）、弁辰十二国群のうちの八国分をこの弁辰Bに割いて、弁辰統治国に割り当てればまさに計算どおりの合計「十二」ということにはなる。これで事態はだいぶすっきりする。ただもちろんこれは、便宜上・計算上のものにすぎないので、この「辰韓八国」のなかにも辰王統治の国や息がかかった国があったと言えないわけではない。

念のため言うなら、まったく逆に、晋がちょっかいを出してきた「辰韓八国」を、辰王系の中核国を含む国群であるとする見方も検討しなければならないわけだが、こちらの推理案は落としてもよいと思う。というのは、一連の《臣智激韓忿》のくだりにおいて、辰王カラーも辰王の足跡もまったく感じられないからである。この事件には辰王は積極的にかかわったとは言えないと私は考えている。なので、上記の図式も当たらずといえども遠からずであろうと思われ、見立てには少々自信がある。

図式にも入れたが、ここでひそかに重要なのは、斯盧国が上のうちの辰韓四国に入っているという見立てである。つまり斯盧国も——血脈上つながっている可能性も含めて——辰王とのなんらかの密な関係性があったと考えたいのである。

それにはきちんとした幾つかの理由がある。一次資料から文言・語句を検討してみたい。一つは、『旧唐書《くとうじょ》』新羅国伝のそれで、**《新羅国は、もとは弁韓の苗裔《びょうえい》である》**という意味シンな一文がある。新羅国は「辰韓の苗裔」なら当然すぎるのだが、「弁韓の苗裔（末裔）」とわざわざ言っているのがポイントである。三韓時代の終局には、半島南部にはそれぞれ金海と慶州中心に狗邪韓国（のちの金官国）と斯盧国（のちの新羅）の二国が形成されてゆくわけだが、「弁辰韓」と一言でくくられた国々のなかであっても、「弁韓→新羅」というルーツや発端が明白に表現されているのは興味深い。

さらに『隋書《ずいしょ》』新羅伝では、「その王は本《もと》は百済人。海より逃れて新羅に入り、遂にその国の王となる」という文章すらある。もとより馬韓が馬韓の東を分割したものが辰韓の由来であるという史的な記述もあるわけだから（《馬韓割其東界地》『魏志』辰韓条）、国の始源を語るならばありがちな話ではあるのだが、ここでは、「その（新羅の）王＝百済人」とまで種明かしし、しかも明解に海から逃れてと描写しているところがなんともそそられる箇所なのである。なによりも辰王は馬韓人であるからだ。百済（馬韓）から海を経由して新羅（辰韓）へ向かうルートといったら、半島西南部から東南部への海岸ルートというほかはない。なにより先に挙げたように武田説においては帯方郡の辰王ネットワークとかぶるのである。

こうした確たる文言二つがなければ、私は、あの「ポスト２４６年争乱」の激動期において、辰王政権は影も形も消滅してしまったとされても、もはや反論もできないと考える次第なのだが、この二つのおかげで、〝新たな辰王伝説〟の命脈はまだまだ保たれていると判断せざるをえない。具体的に言うなら、２４６年争乱のすったもんだの末に、辰王の統治下にあった「弁辰韓十二国」の残存勢力がまとまったりもつれあったりしてゆくなか、やがてほどけていって形成した後身勢力の一派（一部）が、斯盧国を経由して新羅へと成長していった――と把握すれば、上記のような字句とも一致するわけである。

つまりこれは、いわば「２４６年争乱」後の三韓サイドの敗走劇・再編劇において、辰王サイドはたとえ消極的な争乱参加だったとはいえ、元の状態にとどまることはとうていできず、弁辰韓十二か国のうちのそのなかの枢要な、しかるべき国々の勢力を率いて、いったんは半島南岸か東南端（金海か慶州）に落ち着いた――という展開可能性が残ることを意味する。そして再起を図ったわけであるが、その際に、馬韓人（もしくは流移之人）たる辰王はのちの金官国（「狗邪韓国」の後身）の基礎を築いたりその手助けをしたという絵解きもできるわけだ。また一方、世代や血脈をこえて、弁辰（弁韓）の影響力（血縁関係も含む）の下にいた斯盧国はどこかで弁辰勢力とは袂《たもと》を分かち、独自の政治・文化を築き上げてゆくことになった（上記の『旧唐書』記述から）。

――と、こうした「辰王の影響を受けた金官国」もしくは「辰王の影響を受けた金官国からの新羅」という見立てを提起してみなければ、どうにも史料との整合性が認められない具合なのである。とくに上記の二つのうち、「弁韓→新羅国」の文脈は、辰王抜きでもぎりぎり推理できるものである（たとえばだが、のちの金官国の金氏と新羅国の金氏とはかぶるところがあるため）。しかし他方の「百済人→新羅王」のほうの文脈は、なかなか辰王との関係性を見立てないと読み解きのしようがないものになる。なぜなら辰王が馬韓系すなわち百済出身であると読めば、その図式の「心」はたやすく解き明かせるからである。石渡は、この二資料をこういう文脈と意味ではまったく使っていないはずなのだが、私はこのように「使った」次第である。ともあれ新羅の状況は、中心にいる斯盧国は明瞭とはいえ、王統も制度も複雑怪奇に入り組んでいるように見えざるをえない。

実は、古代史における中国史料のなかでは、この『隋書』と『旧唐書』はこれまたことに、私の大好物だ。なんせこの二書はこのようにいろいろとポレミック（論争的）だからである。余計にこの文言がいとしく、秘密の暗号のように大事に思われてならないほど。

さて、全体として、辰王勢力は争乱に巻きこまれたとはいえ、命まで落とすという手ひどい瀕死のダメージを受けたという理解は、私は史料からは読み取れなかった。西海岸から南海岸に沿ってひろがっていたという統治国内をつなぐ辰王ネットワークがまさに機能したのである。そのため、辰王はやはり生き残っていたという考え方を私は持つ。なによりも辰王政権＝「辰韓Ｂ＋弁辰Ｂ」のロジックから、辰王には受け皿もあるし支援勢力もまだまだあったはずだと考えられるわけだ。

ポスト246年へ③——辰王と弁辰「十二国」の新解釈

最後に、以上の展開をやや「ひっくり返す」ようなことを語っておかなければならない。これは、前節で見てきたように、「弁辰韓」二十四国のうち十二国を辰王が統治した——というお約束のような情報＝前提条件を取りはずすものとして、である。というのは、『魏志』韓伝のうち、弁辰条に上記のこの「弁辰韓」十二国の辰王統治の情報が書きこまれているわけではあるが、そもそもこの弁辰条は、《弁辰亦《また》十二国》という書き出しからスタートするものである。

その頭を引用すれば、

弁辰亦十二国、又有諸小別邑、各有渠帥、大者名臣智、其次有險側、次有樊濊、次有殺奚、次有邑借。有已（巳）柢国、不斯国、弁辰弥離弥凍国、弁辰接塗国、勤耆国、難弥離弥凍国、弁辰古資弥凍国、弁辰古淳是国、冉奚《ぜんけい》国（＝那奚？）、弁辰半路国、弁〔辰〕楽奴国、軍弥国、（弁軍弥国）、弁辰弥烏邪馬国、如湛国、弁辰甘路国、戸路国、州鮮国、馬延国、弁辰狗邪国、弁辰走漕馬国、弁辰安邪国、（馬延国）、弁辰瀆盧国、斯盧国、優中国。弁辰韓合二十四国、大国四五千家、小国六七百家、総四五万戸。其十二国属辰王。……（ゴシックは国名）

というわけだ。

このうちの傍線を引いた三箇所に注目してもらいたい。《弁辰亦十二国》の書き出しから縷々国ぐにを並列してゆき、中間報告のように《弁辰韓合二十四国》と書いてみて、「そのうちの十二国」が辰王に属すというふうに読んできたのが、われわれが今まで論じてきた辰王の統治国群であった。しかし、そうではなく、もっと単純に、冒頭の《弁辰十二国》と三番目の傍線における《其十二国》を同じものだとして解釈する見方があるのも、是非最後に念のため語っておきたいのである。

この場合、状況は整理されて一挙にシンプルなものになる。辰王はあくまで弁辰エリアの十二か国のみの統治者となり、辰韓情勢とはまったくと言ってよいほどかかわらない。そのため、２４６年争乱で辰王の名前が全然挙がらないことにも納得がゆくのだ。

２４６年争乱では、たしかに「辰王政権」のネットワークが崩壊したとはいえ、直接の利害関係者ではないためにダメージも小さく、半島南部での再起にさほど時間はかからなかったであろう。実はこの解釈のほうが私は「シンプル　イズ　ベスト」としてもっとも好きは好きなのである。辰王がこの戦乱において発端から終結まで受動的もしくは限りなく無関係に近かったため、おのれの半島南部の領地（弁辰）に改めて待機して、そこを本拠とし、以後の金官加耶エリアの再発展＝再領国化を準備させていったというストーリーを紡ぎやすい。辰王が弁辰諸国へ南下していった要因がより明瞭である。

あえて「新解釈」と称したが、実は「別解釈」と言ったほうが正確だ。現在の研究者でもたとえば鈴木靖民は《其十二国》を「弁辰」の十二国と採っているし、一見シンプルにすぎるとはいえ、私もこの点で鈴木説に一票を投じたいほどなのである。

「再編勢力」としての3世紀の金官加耶①――弁辰諸国の場合：「受け皿」

さて、では長く語ってきたことも踏まえ整理して、『晋書』には出てこない弁辰（弁韓）のその後の消息・行方をまとめて考えてみよう。

結果的に辰王統治システムが崩壊した「滅韓」状態へと至った２４６年の争乱事件に、弁辰諸国がどれほどかかわっていたかは状況証拠からの推理以外わからない。だが、「弁辰韓」と並び称されるほどのエリアであり、もとより辰王がからんでいたのは堅い事実で、乱の主体ではないまでも、韓軍勢のなんらかの後方支援ぐらいはしていたことは察しがつく。だが韓軍そのものにとっては痛い負け戦であり、勃発後の緒戦からして半島南部には激震が襲っていたはずだ。最終的に韓那奚等数十か国は落ちて、降伏。比較的、争いに遠く傍観的であったはずの弁辰諸国は「落ち武者」たちや難民たちを受け入れたり拒絶したりで物騒で不安な時期を長く経たであろう。

辰王ネットワークと統治システム（漢・魏がバックアップしていた）は滅んだので、辰王の影響力も自然に衰え、仮に一旦でも世に雌伏《しふく》することにはなったであろう。統治のコントロールタワーだった月支国（馬韓）からおそらくは落ちのびた辰王は、幾重の山々や大小河川の向こうに位置し、領国のなかで馬韓よりはずっと安全地帯だったはずの弁辰諸国や倭（半島南端）のエリアに到っていたと見てよいはずである。弁辰諸国の一部は直接の統治者たる辰王に帰順し、行動をともにした可能性も高いはずだ。これを期に辰王システムから逃げて列島に渡った者たちも多くいたかもしれない（本書は辰王をヒロイックに描いているように感じられるかもしれないが、その辰王政権はもしや人民に対して苛政をおこなっていた可能性もあるのだ）。

そもそも弁辰の地は半島諸国のなかで倭ともども南部に位置し、洛東江下流域の入り組んだ小国群そのものである。小国に分離せざるをえなかったのは、それだけ地理的な条件が厳しかったからであって、その点を忘れてはならない。中国の正統＝オーソドキシーから見れば、中央から遠い弁辰は日本列島ほどではないにせよ遠隔地そのものである。地理的なシビアさという防波堤があったゆえに大国からの包摂を回避しやすかったはずだ。

中華の「文化」の波も遠く及ばず、儒教的な秩序や身分差をそこまで考慮しない大らかな（ルースな）社会であったことが『魏志』弁辰条にも描かれている。半島南端や東南端はそれだけ「地の利」は強くあったと思われ、ある種、戦乱回避地としては特筆されるエリアだった。

ここで確認しておきたいのは、戦後、「落ち降って」ゆかざるをえなかった（数十の）国々や人びとと、争乱後に再編成のため南や東などに「移動」した国々や人びとを、きっちり分けて考えなければならないだろうということ。極論を言うならば韓軍に味方していた勢力や領民たちは降伏したほか「難民化」し「逃亡」もしたであろうが、そうではなく、混乱を避けて「再結集」あるいは「遷都」しようとした国々・勢力もいたはずである。この「再結集」したほうのグループとして、私は辰王一派や「辰王派」の可能性を見て取っているわけである。

この考えでは、先述したように辰韓の「那奚（＝冉奚国）」を中心とした数十か国はまぎれもなく魏に降伏し、兵士人民は投降しちりぢりになってしまったはず。とくに「数十」と言うからには馬韓五十余国（邑落国家）のうちの相当数がそれに該当しないと数に達しない。つまり半島西南部の馬韓諸国が「敵」の帯方郡にも近く、相応のダメージを受けたことがわかる。そこで落ちた人数を正確にはカウントできないまでも思考訓練としてイメージしてみることはできるだろう。弁辰韓の全人口は通説で五万人程度なので、そのうちかりに見積もって一〇分の一の戦闘員がいたとして、そこに家族などの関係者たちを加えてみれば、一万単位の人びとは確実に動いた（降った）であろう。これはもっと多かった可能性は大いにある。残りの争乱に関与しなかったであろう弁辰諸国のおそらく万単位をこえる人びとも、領地的な再編成を迫られたはずである。そこで辰王一派の彼らはガラガラポンのあとに再結集する方向に進んでいったと思われる。

そして、これらの詳細な経過のほうはわからなくても、このエリアの場合は、大きな「結果」が一つわかっているのだ。それは、金海市において大成洞古墳群のような重要な巨大遺跡が発掘されているように、弁辰の中心エリアだった金海地域には重要な「古代王朝」がこの時代ののちに建設されていったまぎれもない事実があるということだ。前記したように、それらは狗邪韓国もしくは金官国の関連遺跡群と見なされており、乱後も金官加耶の地でしぶとく発展を遂げていった勢力を印象づけている。

この「結果」から逆算できるとおり、弁辰狗邪国や弁辰瀆盧国らも一連の辰韓分割争乱に巻きこまれはしただろうが、主には戦に関与しなかった点、主戦場から遠隔であったことなども幸いしたか、生き延びたわけである。それは辰王の領導よろしかったおかげかもしれないし、そもそも弁辰狗邪国や弁辰瀆盧国には「倭要素」「倭成分」が強く濃かったためにいくらか対岸の火事でいられたということも考えられる。だからこそダメージも少なく、のちには首露王の金官国として再び興隆しえた。ましてや、前節で語ってみたように、辰王の統治国が（辰韓を含まず）「弁辰十二か国」のみ（『後漢書』韓伝由来説）であったと解釈するならば、ますます弁辰も辰王もともに紛争主体の辰韓とはからまぬわけで、いっそうともにダメージは少なかったはずだ。

通説として、金官国の出現が「3世紀半ば」からではないかとする説が打ちそろってあるのも（朴天秀、井上秀雄など）、この〝再編・再興〟の展開を裏づけている（私見では、「金官国」への名称変更は5世紀以降）。馬韓や辰韓諸国のうちの少なくない国々が滅んだり降参していったりしたなか、大陸情勢の戦雲の陰に隠れ、弁辰狗邪国はやがては3世紀後半から末にかけて狗邪韓国もしくは任那として持ち直し、いわば脱皮をはたしたわけである。これらの事態は、あの２４６年動乱から数十年ほどあとのことである。

「再編勢力」として成長した3世紀の金官加耶②――弁辰狗邪国＋「倭」＝狗邪韓国⁉

石渡理論とのからみで言うと、ここに来て、私たちの論理《ロジック》と行論は、ようやく「旧石渡理論」に合流したということになる。なんとなれば、石渡はこの南岸の金官国（もしくは狗邪韓国）における首露王の一派こそが、のちの崇神天皇であると等置していたわけだからだ。そもそも首露王が辰王と血脈としてつながっていたかどうかは、当時そこまで石渡も重要視しておらず、この金官加耶の「受け皿」において、やがては列島に集団渡来する「加耶勢力」がひたすら準備されていった――と強く捉え返していたというほうが実感に近い。

それが、理論が更新され、首露王一党がどの勢力に由来するか、あるいは本当に辰王系と関係するかなどが重要な要素として加味されてきたのである。ここには私もこだわって検討してみるつもりである。

ましてや、この弁辰狗邪国の南（半島南岸）には〝倭〟がれっきとして存在していたことが『魏志』韓伝に明記されている。だから金官加耶の地における3世紀後半の「再編勢力」が、この倭とまったく無関係に成立したとは誰も断言できまい。

ここで、第2章の冒頭でふれた「半島の倭」と「列島の倭（倭人）」についての謎解きも一気通貫の勢いで完了させてみたいと思う。一見矛盾や不鮮明に見えるような文脈や情報も、以下に示すような私の「補助線」を使った解釈＝謎解きならば、史料が語っていることはまさに一義的となり、『魏志』倭人伝も『魏志』韓伝もともに正確無比な描写をしていたことがわかるはずだ。

この問題に対するための補助線とは、ある概念もしくはイメージを分離することにある。通常、『魏志』倭人伝に登場する「狗邪韓国」と『魏志』韓伝の「弁辰狗邪国」とをもっぱら同一視するのが研究者の前提のようになっているのだが、まずそこを切断し、両者は同一の国ではないというふうに、私は断定したい。両者（両国）には時代差があり、場合によっては領土にも差があるはずではないのか、という問いを立てたいのである。あえて、「弁辰狗邪国↓狗邪韓国」という時代差を考慮するのだ。

この弁辰狗邪国と狗邪韓国の時間的な前後関係というのは、史料の考査から私が得た「事実」である。たとえば『魏志』韓伝を読むと、「中華」たる魏からより近いせいか「韓」をめぐって『魏志』倭人伝よりもより古くからの事象が綴られている印象を受ける。しかし一方の倭人伝のほうは卑弥呼の死からその先の台与を立てた件までを書きこんでおり、『日本書紀』神功《じんぐう》紀引用の晋《しん》『起《き》居注《きょちゅう》』における西暦２６６年時の「女王」の年代記述がこの台与の事績と対応しているとすると、３世紀後半にまで至る出来事が倭人伝では記録されフォローされていたことになる。つまり『魏志』韓伝よりも『魏志』倭人伝のほうが時間の射程が後代に伸びているのだ！　他方の『魏志』韓伝は、事件史としては２４６年の大乱が最終記事であるように読めるため、記述内容の期間《スパン》はより前がかり（古い）と判断される。このことからも、弁辰狗邪国と狗邪韓国の二国とでは、狗邪韓国が時代的に後方であると見てよいのではないかと考えられるわけである。地味ながらこの文献アプローチは的を射ているのではないか。

このことを踏まえると、この視座から別の切り口を見て取ることが可能となる。それが、倭人伝に記されている「狗邪韓国」時代には、半島南端にはもう「倭」の姿はどこにも見えないという事実である。この視点はたいへん「使える」ものだ。

たとえば実際に、片方の「狗邪韓国」（『魏志』倭人伝）がどう国家形成をしたのかについての具体的な記述は、史料には述べられていない。けれども、まず『魏志』韓伝の情報で、「弁辰狗邪国と倭（半島南岸の倭）」が同時存在しているような〝歴史地図〟をたしかにわれわれは眼にすることができ、両国の「その後」を描いたはずの『魏志』倭人伝の記録に至るまでのあいだには、おそらく三十数年ほどの時間的空白が生じていて、結果的に倭人伝では、半島南岸において狗邪韓国のみが存在している状況が時を隔てて見えるだけなのである。

素直かつ自然に解釈するかぎり、「弁辰狗邪国＋倭」が「狗邪韓国」（『魏志』倭人伝）へと合流し成長したという成立過程が推察されるわけなのだ。

見逃せない点は、弁辰狗邪国がもう狗邪韓国になっていたと思しき『魏志』倭人伝のほうの〝歴史地図上〟には、半島南岸の倭はもうその姿が見えず、消滅していることである。つまり半島の倭も一国に合流し、集約されたために、消失点《バニシングポイント》となった。結果、引き算で残った倭人の国が「倭」となった――という見立てがこれで可能になる。時代差も踏まえ普通に考えて、弁辰狗邪国の再編勢力が南岸の倭を吸収したか、もしくは合作したのに相違ないのだ。

ここで、『魏志』倭人伝（《到其北岸狗邪韓国七千余里》）のほか、『後漢書』倭伝も念のために見てみよう。

「楽浪郡からその国（邪馬台国）へ去ること一万二千里、その（倭の）西北界の狗邪韓国へ去ること七千余里」とある（原文《楽浪郡徼去其国萬二千里、去其西北界狗邪韓国七千余里》）。ここでは、『魏志』倭人伝と同じく、狗邪韓国と倭はもはや距離があって地続きではなく、倭の（海を隔てた）「西北界」に狗邪韓国が位置していることになっている。「一万二〇〇〇里マイナス七〇〇〇里＝五〇〇〇里」の計算どおり倭が大陸より遠い数値にあるのも明瞭なのだ。倭がすでにもう半島内にない証拠である。

まとめると、こういうことだ。そもそも弁辰狗邪国（『魏志』韓伝にのみ登場）のほうがクニとして先に成立しており、その折（弁辰時代）には「倭」が半島南岸にもまだ存在していた。それが狗邪韓国（『魏志』倭人伝）になった時代には、すでに倭は日本列島内だけのものになっていた、というストーリーである。この解釈なら複雑な事態はすっきりと了解可能になるはずである。

この私の解釈が真実を衝いているのならば、ヤマト中心主義者の右派にとっては、いささか「不都合な真実」となりうるのだろうか？　右派も左派もないまさに中道の理論として私は十分な可能性を持つ考え方だと思っている。いずれにせよ、半島南岸の倭という事実は、時に韓国史学界においても別途ナショナリズムもあるだろうから等閑視されるようなことも見聞きする（たとえば、韓国の古代史本の勢力地図に、この半島の倭が描きこまれていない、など）。ファクトから眼をそむけてはならないし、この私説にも無視ではなく応対をこそしてもらいたいものだ。

さて、そこでまた『魏志』弁辰条では、《辰韓人は皆編頭なり。男女は倭に近く、また身を文す》とあって、さらには《弁辰與辰韓雜居》というふうな記録があることも総合的に考慮してみたい。「弁辰人が倭人に近い」という文言はないものの、弁辰人と辰韓人はこのように雑居しており、邑落国《ゆうらく》家も乱立している状況で、辰韓条ではなくて弁辰条に上記のことを書くような混乱がある程度には、「弁辰韓」は同体のようになっていたのであろう。

この問題については意外な書籍で言及がなされていたりもする。第1章で引用した『韓のくに紀行』（司馬遼太郎）において、明瞭に「倭」についてこう語られている具合なのだ。再掲する。

> 倭人たちはそのあいだにはさまれて大いに難渋したに相違なく、自然のいきおいとして、日本地域に住む同種の倭国にたすけをもとめることが多かったにちがいない。南鮮における倭人たちは、やがて「任那」という一種の国家をつくった。（傍点原文）

ここで司馬が言っている「倭人」とは、半島南端に生きて勢力を誇っていた倭人（《南鮮における倭人たち》）と玄界灘をはさんだ向こうにいる《北九州人》のことをも包摂した概念である。この倭人たちがやがて半島南端のあの「任那」を形成したことを司馬は明言している。すでに当時の日本列島では、水稲耕作がはまりにはまったおかげで人口が思いのほか増え、人が多かったということも司馬は強調している。日本列島は台風シーズンさえやりすごせばなかなかの稲作「適地」であり、大規模な戦乱もないために人が生きてゆく上での「国のまほろば」（『古事記』）の地だったわけである。

　こののち古代がいっそう開《あ》けてゆく4、5世紀以降、半島勢力は列島といういわば人間生活の「適地」を深く意識していったはずだ。司馬がここで言う「任那」とは金海の狗邪韓国を中枢とする本質的な「狭義の任那」に相違ない（広義の任那は加耶諸国全体を意味し、「任那四県」などという言い方も残る）。そして司馬のように戦国時代のほか幕末維新から明治近代の国家というものを重厚に語ってきた作家が、１９７０年代前半の時点ですでにこのようにきちんと3、4世紀の「倭」を認識していたのは驚かされるし、ありがたい援護射撃のようにも見受けられる。

司馬はここで任那の来歴を倭人たちの国であると逸早く喝破していたわけなのだが、ただその任那の前段階である弁辰諸国や狗邪韓国についての言及はない。私はここは正直不満だし、司馬ほどの作家にしては隙があると思うけれども、当時の議論の枠組みでは混乱を極めたあの3、4世紀について情報のピースが出そろっていなかったという点もむろん加味しなければならないだろう。だからこそわれわれ後生《こうせい》はこの隙間をなんとか埋めてゆく必要そして研究上の義務があるのである。

ちらつく辰王の影――弁辰の優位性、首露王（金官国）の有力ぶり

そして、ここいらで、「任那」や金官国という国を考える上で、さらなる補論として言及しておきたい情報がある。『三国史記』「新羅本紀」にはこのような重要な挿話があるのだ。

西暦１０２年（壬寅《じんいん》年）、新羅（辰韓）内の小国間の境界争いが起こった際、その仲介・審議役を金官国の首露王（金首露）に新羅（斯盧）王が頼んだという出来事があるのである。首露王（のちの金氏のトップ）の突然の登場である。時は、１１２年まで新羅王だった婆娑《ばさ》王（第五代）の時代だ。この西暦換算の時代が古すぎて現実味がまるでないのは当然のこととして、一番に注目したいのは、当時のこの「新羅王（尼師今《にしきん》）」もそこまで半島南部で力が図抜けて強いわけではなかったという点。そうして事件の詳細はこうである。

音汁伐国（慶州市北の安康か）と悉直谷国（江原道の三陟か）とが境界争いをしており、その調停を新羅の婆娑王に願い出、王は、英明な金官の首露王にその審議役になってもらったのだ。首露王の判定で係争地は音汁伐国に帰することになった。一件落着となり、首露王をねぎらうため婆娑王は

国内の六部（六つの部族国家）で饗応の酒席を設けさせたところ、漢祇部だけが位の低い者が担当したため、首露王の怒りを買い、漢祇部の首長を首露王は下僕に殺させて、自らは帰国したという。下僕は音汁伐国に逃げこんでかくまわれていたが、婆娑王は仕方なく音汁伐国王にこの身柄の引き渡しを求めた。が、音汁伐国王はそれに応じなかったため、婆娑王は音汁伐国を討伐することになった。やがて音汁伐国は投降し、あわせて悉直谷国・押督国（慶山か）も新羅に服属することとなったという。

この挿話を読んで、一般的にどんな感想を持つだろう？

まずは、「新羅」王であるはずの婆娑王が自力で係争を裁定できないというその権力基盤や強制力・支配力の弱さであろう。なぜに有能とはいえ他国の金官国王にこれを委ねなければならないのかという話だ。というのもこの弁辰（弁韓）の地は、東の辰韓諸国のうちの斯盧国（新羅の前身）に侵食されるようにだんだんと狭められてきたイメージすらある。斯盧国は新興で勢いもあり、そこまで礼儀正しく振る舞う必要などまるでないではないか。相手（首露王）がいかに経験豊かなこの地きっての権威者であるとしても、肝心な土地問題を他国王の裁定にあっさり任せてしまうというのでは、辰韓時代の斯盧国がまるで自らの旧「主」に対して低姿勢に出ているようにも感じられるわけである。

このあたりが先の《(新羅国は) もとは弁韓の苗裔《びょうえい》》というあたりの経緯につながっているのではないかと考えられる。新羅直属の部の首長が他国（金官国）の王によって殺されても、当の首露王に報復すらできていないなど、斯盧国はお行儀がよすぎ、ずいぶん忍従しているような態度にも見える。だからこそ弁韓がもとは「主」であって、そこから「従」としての新羅が分離独立していった契機がどこかの時点であったはずなのだ（のちには半島南部内での勢力は逆転する）。字義どおり解釈するなら、「弁辰韓」合わせて十二か国だった頃の辰王支配時代の名残りを意味していると見るのも、そこまで牽強付会ではないだろう。

なお、この挿話は西暦で１０２年の事柄だというわけだが、たとえば井上秀雄はこの事件を４世紀後半の新羅国建国まもない時期のことと見ていて、私もそれに賛同する。肝要な点は、井上が事件を４世紀後半と見ているように、首露王の実在に関して、西暦４２年に即位したという記録（「駕洛国記」）は完全に捨てていることであり、そのことは、４２年（首露王の即位年＝壬寅年）から干支五運（六〇年×五倍）した西暦３４２年にこそ真に首露王が即位した——とする石渡理論をまったく別口から証明してさえくれている。▲注

さらにまた、「弁辰（弁韓）↓新羅」の流れを跡づける有力な挿話がもう一つある。新羅の第四代の脱解《だっかい》王（尼師今）をめぐるものである。倭国の東北一千里のところにある多婆那《たばな》国において、この脱解王の母（王妃）がなぜか卵を産み、そんな卵を不吉と見た王から捨てるように命令されたものの、王妃は忍びず絹入りの箱にそれを入れて海に流したという。そしてこの箱入りの卵としての脱解が最初に出現するのが実は金官国の海辺なのである。一般的に言って、「起源の物語」に貴《き》種流《しゅりゅう》離譚《りたん》（貴人が世界を漂泊流浪しながら王や神的存在になってゆくという神話・説話の類型）が伴うのはありがちとはいえ、真の出自を告げるこの脱解王の説話は正直かつ奇妙な記述である。素直に読み取って、脱解が金官国の始祖王ですらあったことを物語っているはずだ（すなわち金官国初代

の首露王と「かぶる」のである)。金官加耶の人びとはこの箱をいぶかしく思って取り上げることはなかった。そこで流れに流れて、辰韓の阿珍浦《あちんほ》の浜辺に流れ着いた、というその後の展開になっている。

これは、赫居世《かくきょせい》(居西干《きょせいかん》)三十九年(紀元前19年=壬寅年《じんいん》)のことであるとされ(「新羅本紀」脱解尼師今紀より)、新石渡理論において、金官の首露王を脱解と等置するきっかけになった挿話であるとも推察される。私自身は、かりに等置はしなくても、新羅の分離独立を考える際に、弁韓にこそ「国の出自」があったという記録を後世に託す筆法であるとこれを考えている。その点で、この『三国史記』「新羅本紀」と『旧唐書』は時代を離れても平仄が合っている。

なおまた『三国史記』「列伝」(金庾信《ゆしん》伝)には《南加耶の始祖首露は、新羅と同姓である》と明記されており、南加羅(「南加耶」)=首露王の国が金官国であることとともに、「金」姓の同一ぶりから、「弁韓(金官の首露王)→新羅」のルートでなんらかの血脈や婚姻の流れがあったことをわざわざ示している。

念のため言えば、こうした脱解の挿話で倭国が突然出てくるのも妙ちきりんだと思うはずだろう。が、上記したとおり倭国王としての「倭王旨《し》」(石上神宮《いそのかみじんぐう》所蔵の七支刀銘文)は石渡理論ではもちろん崇神天皇であり、崇神は「首露王(=脱解王)」であるという比較的新しいその理論を踏まえれば、ここにも半島と列島をまたぐ「大きな物語」が形成されていることに気づかされる。すでに「辰韓人は倭人と近い」という記録を紹介したように、倭(西日本)と半島南部の同体・同根的な同期現象は史料にもこうして確認することができると明言したいわけなのである。

という次第で、このように「弁辰韓」と倭（半島南岸の倭も含め）はもとは同体のようになっていた点を強調しておきたかったし、遺跡（大成洞古墳群）と史料が次代の金官加耶の優勢ぶりについては十分に証明している。司馬遼太郎も言及しているように、半島南端にいた倭人たちの社会が「任那」を形成してゆくにつれ、その「社会」は同時に受け皿ともなって、行き場を求めていた韓人たち（馬韓人、弁辰人、辰韓人）を流入させ、その小国はのちの「任那」へと収斂《しゅうれん》していったとも考えられる。その社会にはおそらく隣接した新生の新羅からの亡命者（斯盧国に排除された旧辰韓の人びと）や五胡十六国時代の最後に華北から逃げこんできた中国人（漢族）もいたかもしれない。

このように、受け皿としての半島最南部勢力は３世紀後半から４世紀にかけての後年、たしかに隆盛したことが判明している。だからその内実と途中経過を考えることがやはり重要になってくる。第一に、狗邪韓国＝金官国の首露王は本当に辰王一党と血脈的に「関係」があったかどうか——という点が一つ。そしてそれについては、この第２章で辰王一派がいかにサバイバルしてきたかという方向で考えてはきたので、なにがしかの関係性はあったと私は考えている。第二に、その辰王系の再興勢力はどのレヴェルで半島南部において自らを隆盛させていったのか——という規模の大小にかかわってくる。本論考の冒頭で、旧石渡理論とくらべて、「新石渡理論」では、首露王＝崇神一派の中核として、「辰王」系の血脈を強力に押し出し、その支配と展開、勢力ぶりをより重視したものとなっていった、と私は書いた。つまり一時的とはいえ大規模な勢力と版図を有した、としたわけだ。大成洞古墳群に代表されるように半島南端に花開いた北方的な古墳文化・鉄文化はまさに当地に現存していたわけなので、その担い手たちは常識的に見ても、首露王率いる韓人（韓族）もしくは倭人（倭族）であったことであろう。その勢力が当の金官加耶にのみとどまっていたか（旧説）、馬韓も含むより大きなエリアを勢力下に置いていたか（新説）――という問題である。

新石渡理論では、この金官勢力というにどどまらず、「馬韓人の辰王」系の勢力が強大に伸張していって半島南部を掌握し、いわば再領国化を遂行したと大きく3世紀後半～4世紀前半を捉え返したため、これについては、いわば論証しなければならないことが「一つ増える」のである。

私は、『古代天皇家と『日本書紀』1300年の秘密』の「おわりに」の冒頭小見出しで、『ストライクゾーン』は広めに」という言葉で一種の私なりの方針を示した。これは、言い換えれば、特定できることは特定するべきであるが、（たとえば「応神＝昆支」のような）、特定しようがないことは、まだ曖昧なままでもいいじゃないかという、一見お気楽だが、戦略的な考え方のつもりであった。つまり、旧石渡理論は、渡来集団の中核を金官加耶勢といわば「くくった」わけであるが、新石渡理論では渡来集団の中核は辰王系とはっきり「特定した」。この特定は鋭い分、諸刃の剣ということなのである。そこまで狙い撃ちして明言するとなれば、空振りする可能性も増えるということなのだ。ウイングを横に広げておけばそこに引っかかってくるものも多いが、そうではなく、新石渡理論は完全に勝負に出た、と言えるだろう。

第3章で、任那＝金官国の「主体」や強盛ぶりについて語ってから、私の考えを述べたいと思っている。

▲注……この首露王の即位年＝西暦４２年（壬寅）は本文どおり実際の即位年の３４２年（壬寅《じんいん》）を干支五運（三〇〇年）遡らせて生じたものと考えられるが、こちらの唐突な首露王登場の場面（１０２年）もまた、この３４２年を基準に四運（二四〇年）遡らせて創作したものだろう。また石渡は、首露王の没年が西暦１９９年（己卯《きぼう》）であり、脱解王の没年も７９年（己卯）と同じ干支であることや、既述のように脱解王の生年干支（壬寅）と首露王の即位年干支が同じであるという形式的な点から、「首露王＝脱解王」説を唱えるようになった。脱解は意味深い故事や倭とからんだ来歴が多い王であり、形式面だけではなく内容面もかぶるところはたしかにある。辰王による「半島南部の倭」の再編構想論には入ってくるピースである。

第3章　半島南部にて――「倭韓」国家成立までの「動乱の3世紀後半」

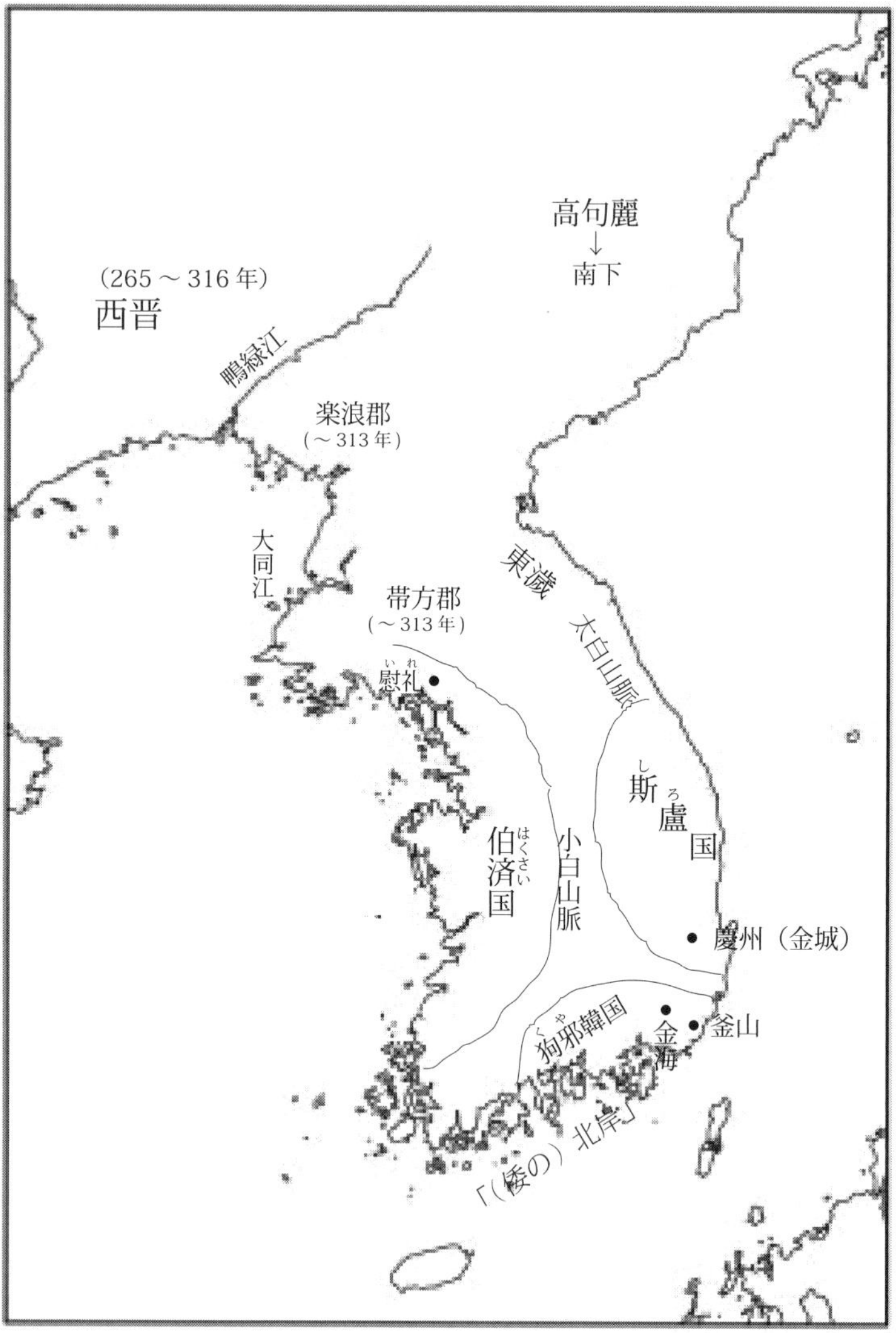

3 世紀後半から 300 年あたりの半島勢力イメージ図（ポスト 246 年～）

「渡来王」の来歴を推理する――倭王は首露王系か辰王系か？

第2章までに、朝鮮半島南部の金海地域でおそらく3世紀後半以降に勃興した「任那加羅（金官国）の前身」について、その激動の背景を見てまわってきた。

およその絵図はこんなところだ。２４６年争乱ののち、弁辰狗邪《くや》国を中心とした再編勢力は南岸の倭を吸収もしくは合作して、一時的に劣勢にはあったかもしれぬが「狗邪韓国」として再興を遂げた（遺跡の同質性から隣国の弁辰瀆盧《とくろ》国も部分的に併呑した可能性もある）。こののち、狗邪韓国の王侯（のちの首露王を生むことになる家系）は、とある契機と時期に任那（のちに金官国へ）と国名を改め、ほぼ同時期にその国内南岸の倭勢力を頼みとして、同類・同族のいる列島への足がかりをつかんだ――という流れを措定できる。

旧石渡理論では、金海市に位置する大成洞古墳群（金官国支配層の遺跡）の「主」である王侯たちの一部もしくは大部分が4世紀半ばぐらいから倭に渡来・定住してきたということになっていた。倭においてそのリーダーたちが植民的な政策を施したので、従来から多かった渡来者たちもさらに拍車がかかり安心して海を渡ってきたという「社会増」の可能性については、私が別口に「渡来人口動態」を示してみた次第だ（第1章）。

すでに見てきたように、それだけ外部からの渡来人口にボリューム感がないと、奈良時代の五〇〇万人以上にはなかなか人口値は達しないわけだから、この意図的な渡来状況のことはあらためて強調しておきたい。渡来者の主体でありリーダーこそがのちの崇神天皇の系譜ということになるが、その崇神こそが首露王その人で、もしかすると崇神＝首露王の「父世代」から猛者たちが逐次やってきていたということかもしれない。そして第2章で追ってきたように、その首露王は辰王系の人物である可能性もあって、すぐには否定できないところもある。

ただ実はその点について、私は石渡よりもある意味、現実主義的な見方を採っている。すなわち、この「崇神＝首露王(系)」の等式にこだわるつもりはない。ましてや「崇神＝首露王(系)＝辰王(系)」となるとなおさらだ。

ただ譲れないところは、大成洞古墳群の主《あるじ》たちであった王侯一族の誰か——首露王本人も含めごく近しい人物や子孫——が、倭王としての崇神天皇であったにはちがいない、という観点である。まさにストライクゾーンは広めに取っている次第だけれど、もとよりそもそもの旧石渡理論がそうした理論展開であったわけなのである。

なぜ第十代の崇神天皇にだけこだわるかと言えば、4世紀の奈良盆地東南部（三輪山西麓の桜井市あたり）には箸墓を中心とした纏向《まきむく》遺跡が見事なその姿や規模を誇っているからだ。ここをヤマト中心主義者たちは「邪馬台国の都」として3世紀の遺跡と見立てたがっているわけなのだが、正当に考えれば考えるほど、ここは、時代がずっとあとの崇神天皇、垂仁天皇、景行天皇（もしくはその兄イニシキイリヒコ）ら「三代の都」（いわゆる三輪王朝）にほかならぬことは疑いえない。

そしてこの三輪王朝こそが渡来系の「ヤマト王権」そのものであって、だからこそ先に見たように畿内に直接的に渡来者たちが来たという話（骨、DNAなどのデータ）とも通底してくる。もちろん、崇神の一派は漸次、北部九州から東進していったわけで、北部九州を経て、瀬戸内海沿岸ルートを通過し、吉備地方でも足跡を残してから畿内入りをはたした——という見立てになる。あくまで結果的にファイナルな目的地は三輪山西麓の都だったということである。

（天皇）渡来説を採る論者のなかでも、最初の「外来の天皇」を応神天皇としたり、あるいは神武天皇その人としたりと、別の天皇たちと結びつける場合もこれまではあった。しかし外来王としての天皇＝大王は、どうしても崇神でなければならず、最終的な「降臨」の地はこの三輪エリアにおいてはほかにないはずなのだ。あくまでも崇神と三輪エリアというワンセットこそが重要なのである。

次は、話を戻して、辰王の系譜と任那（金官国）とのあいだに本当に「関係」があるか否かを史料から探ってみよう。なんとなれば、この任那がのちの渡来勢力の主体になってゆくわけだから、辰王が金官加耶とからむとすれば、古代天皇にも辰王系の影が差してくることになるため、見極めが肝心なのだ。

辰王雄飛（再領国化）という「大きな物語」①——交差する三国の王と盟主・百済

そこで、任那（金官国）に「辰王の系譜」があった場合（新石渡理論）と、ない場合を両方とも歴史解釈として考え、そして比較してみたい。

まず、辰王系こそが狗邪韓国（のちの金官国）の支配者であり、その系譜こそが渡来勢力としてヤマトの三輪王朝こと崇神王朝を形成した——というほうの壮大な説から。こちらの新石渡理論において、核になる国は、馬韓諸国から次代の盟主国へと成長した、ずばり伯済国＝百済ということになる。

確認しておくべきは、辰王の来歴について、「馬韓人」（『魏志』『後漢書』）であるという説と「流移之人」（『魏略』）であるという説の二つがあることである（石渡は馬韓人であるほうを採っていた）。流れ者という説にも魅力を覚えるもののまず「馬韓人としての辰王」をフォローしてみよう。

そもそも辰王が都を持っていた月支国は馬韓諸国内の一国だが、忠清南道の礼山郡や天安市のほうだと具体的に見る一説もある（武田幸男）。この説だとソウルよりも南に位置し、意外と辰韓・弁辰などとも近いため、月支国から弁辰韓十二国を統治した事実とも平仄が合い、武田説はなかなか合理的な位置づけをしたように考えられる（韓国学界もこの方向性）。

そして辰王一派が馬韓人の系統である場合、こちらが渡来勢力の中心をなしたと考える際、一つ信憑性を持つのは、とくに畿内の4、5世紀の遺跡から多くの陶質土器など加耶系の土器が出土するだけではなく、時に馬韓系の土器が出土すること。もとより加耶系の土器（須恵器）自体は4世紀末から日本で大量に出土し、とくに前期古墳の内部構造が加耶系ならではの竪穴式石室（竪穴式石槨《せっかく》）であることから、加耶系と古代の畿内が通底することは言うまでもないことである。しかし日本で出土する「百済系」と言われる考古資料には「鳥足文《ちょうそくもん》」と呼ばれる文様（鳥の足跡のような文様）があって、近年の傾向としては、この「百済系」という一括した名称から「馬韓系」土器として引きはがし、別途、範疇化・概念化することがあるため、この鳥足文土器を馬韓由来の土器とする見方もあるわけだ（ことに百済による支配が遅れたと見なされている栄山江《えいざんこう》流域からこれらは頻出)。

また栄山江流域のこの馬韓土器の特色の一つに鋸歯文《きょしもん》もある。この鋸歯文を有する短頸壺《たんけいこ》(首の短い普通の壺)は畿内のヤマト地方から多数出土しているが、瀬戸内海ルートの吉備から出土する器台などにも多く見られる文様である。鋸歯文や器台は半島南部の加耶にもわたってよく検出されるものなので、ここで馬韓をのみ名指すのは大胆すぎるけれど、４世紀の倭に百済ではなくて馬韓の影響下の強いものが伝わっていたことにはなにがしかの真理が潜在しているはず。「馬韓人＝辰王」の影響力を日本において大いに認めることもやぶさかではなくなる、というわけだ。決定的とは言えまいが、これは「辰王―金官加耶―倭」を薄くつなげる一つのラインではある。

その他、金官ならではの鉄鋌《てってい》(短冊形の鉄の板)や鉄製品は畿内ヤマト地方でも多く出土しており、北部九州勢力との相互交流を遠く離れて、「金官加耶↑↓ヤマト」の直接的なホットラインがいかに盛んであったかを告げている。ただし要注意なのは、弥生時代までは鉄器出土量は九州が圧倒的であることで、それは邪馬台国＝畿内説の弱点ともなっている。あくまで北部九州を押さえた渡来勢力が東進してきたために畿内にも鉄製農工具は普及したのだと見たい。

一般的に、三韓も日本と同じように、王統譜や建国には伝説・神話の類が多く含まれている。後世の記録者(編史官)がこれら継承されてきた神話を正史に塗りこめ仮託していったことも多いわけで、古代国家とその建設者の出現を見定める場合は、こうした「建国神話」をベタに信じずに、慎重にその時期・方法などを検討しなければならない。

歴史学の常識において言うと、馬韓地方ならば、３４６年に近肖古王《きんしょうこ》(余句／第十三代)により百済が成立したとし、辰韓地方なら、356年に奈勿《なこつ》王（楼寒／第十七代）により新羅が建国されたとする（ともに海外文献に王名が出現）。これがそれぞれの「真・歴史」の確実な線であろう。

この時期は邪馬台国時代に比べると意外と新しいと感じられるかもしれないが、この4世紀の同時代を日本（倭）で考えるとあの「謎の4世紀」の崇神時代であると推察できるわけだから、やはりいかに古いかがしのばれるはずである。

また、そもそも金官国の初代王の首露王（金首露）は、西暦42年から199年まで在位していたとされ、在位期間に関しては甚だ現実味は薄い。ただ、その后・許黄玉《きょこうぎょく》とのあいだにもうけた第二代の居登王の在位期間が199年〜259年、第三代の麻品王の在位期間が259年〜291年、第四代の居叱弥王の在位期間が291年〜346年と、早くも四代で4世紀半ばまで達しており、造作感は強く残る。

たとえば、新羅の第十七代の奈勿王とそのおじで第十三代の味鄒《みすう》王（在位262年〜284年／金氏の実質の祖）の御陵（慶州）は、金官国の首露王陵（金海）と似たような〝円墳〟で両者そっくりであることから、彼らは同世代、少なくとも「同時代者」と見てよい。まだ「弁辰韓」が分離する以前の状態なのだ。そうすると、先述した挿話――西暦102年の話――に出てくるように、新羅の婆娑王（第五代）と首露王が同時代者であったことなども、当然ながら造作であることもわかり、首露王の正しい在位期間も常識的に後ろに寄せて4世紀と見なすことができるのだ。

さらに敷衍《ふえん》すれば、首露王にあの境界争いの裁定を願った新羅王は、4世紀の同時代者たる奈勿王本人あたりだったことも新たに推定できるわけである。そしてもし、首露王と奈勿王が同じ血脈を有する遠い親戚同士であるのなら、ああした挿話にも長幼の序や格を重んずるような当時のリアリティーが反映されているとも読める。そして親戚同士なら、その共通の先祖に偉大な執政者がいたのではという仮説も設けられるし、真実味が出る。

　結果、首露王が西暦４２年より在位していたという記録にせよ、干支五運を遡上させたものにすぎず、史実的には五運（三〇〇年）プラスして、本来の３４２年という特別な年があぶり出されてくるわけである（ここは旧石渡理論の洞察したところ）。

半島においては、この4世紀後半の独立時代に至るまでは、２４６年争乱から約一〇〇年余の長い時の流れ――つまりあえて言えば「空白」――がある。上記の境界争いの挿話を井上が4世紀後半の出来事だといみじくも推定（喝破）したように、ここまで時代が新しく来ないとなにも確たることは言えない、という学問的な態度が保持されているわけだ。それより前の約一〇〇年間に関しては、逆に言えば、歴史家たちの腕の見せどころというわけである。が、史料中心で生真面目に見てゆくかぎり、どうしても通時的にはこの２００年代後半と３００年代前半ははしょられてしまうことも多い。ちょうど倭における「空白＝謎の4世紀」に似ている。

　さて、だからこそ、２４６年争乱以後の、百済、新羅、加耶（任那加羅→金官国）のそれぞれの国王たちの系譜を確認して、真相に肉薄してみたいところなのである。試みに、３００年前後に活躍したと見て取れるこれら三韓の王たちを横並びで整理してみよう。

［三韓時代＝4世紀の「実在王」たちの王歴］

百済　仇台《きゅうだい》（帯方で国を始めた始祖王）
　近肖古王《きんしょうこ》（余句『晋書』／仇台の子　※石渡説）
　　近仇首王《きんきゅうしゅ》（貴須王『書紀』／近肖古王の子）

新羅　仇道《きゅうどう》／仇刀《くと》（金氏伝説の始祖・金閼智の直系）
　味鄒王《みすう》（仇道の子）
　　奈勿王《なこつ》（味鄒王の甥／仇道の孫）

金官国　首露王（金氏）
（任那）　居登王《こと》（首露王の子）

倭　崇神天皇《すじん》（＝倭王旨《し》）
　垂仁天皇《すいにん》（崇神の子）

こうした「横並び」を示して検討するのが史実をあぶり出してゆくのにとくに有効だと思われる。ざっくりとしたイメージを読者に伝えるならば、三韓（原三国）の王統の記録は連綿と2、3世紀を通貫して前に前にとそれ以前にまで遡行してつながっているわけであるが、あの２４６年争乱をと「歴史」がシンプルに見やすくなるということを、私は改めて（石渡信一郎になりかわって！）提起したいわけである。

「画期」として、それ以前の3世紀半ば以前の神話・伝承の類を大胆にカットしてしまえば、ずっ

上にかかげた王たちのさらなる先代は、伝説の薄明のなかにかき消えてゆくものであって、まったくの「参考記録」扱いというわけだ。こう現実主義的にアプローチすると、案外と王統もすっきりすることがわかってもらえると思う。ただ、首露王のように極端に在世期間が前倒しされている王に関しては、きっちりと時代を下らせて4世紀の人物として把握しなければならない。

２４６年争乱からの時の流れで語るならば、あの戦乱から数十年たつと、このような新体制が各国にできあがっていったということになる。そして、新石渡理論が開示してみせたことは、この「三韓＋倭」の四か国の中心（始源）に、馬韓（百済）系である辰王の「大いなる影」が見定められるという解釈なのだ。その中心にあった国は、当然、百済ということになる。

旧石渡理論では、加耶に軸足が置かれていたが、ここでは確実な氏の「態度の変更」がなされたのである。とても「大きな物語」が紡がれたわけである。

辰王雄飛（再領国化）という「大きな物語」②――「仇台＝仇道」という先王の影

だからまず、表にも掲げた百済の王統について説明しておきたい。古代史ファンには周知のところだろうが、百済のルーツに関しては、百済王の余慶《よけい》（蓋鹵《こうろ》王）が北魏へ送った上表文のなかで、高句麗とともに百済王族がツングース系の「夫余の出自」であることを述べている（《臣与高句麗源

出夫余》『魏書』百済伝）。扶余（夫余）という国が中国東北部（旧満州）にあってそこで王が生まれ、やってきたという建国神話だ。

もとよりこうした建国神話は権威づけにすぎず地元の濊貊《わいはく》はじめ百済は韓族の国だろうと考える研究者もいるわけだが、古記録は本気も本気で、あながち虚偽・造作とは言えないのではないかという近年の研究態度の趨勢も改めて感じる。日本神話を考えればわかるように、外来王神話は本来権威づけというよりはむしろ正統性を阻むものではないかと見ることもできるのだ。常識的にも、外からやってきた王というなら、〈元から住んでいた俺たちが権利者で、俺たちの土地なのだ、お前らは去れ！〉とばかりに抵抗される論理が残されてしまうからであって、権力にとっても好都合とばかりは言えないのではないかと。だから外来王の神話にはなにがしかの信憑性があると考えていいし、この百済王夫余出自説も通説どおりに私も真であると考える。

『周書《しゅうしょ》』の百済伝には、百済についてこうある。「夫余《ふよ》の別種。仇台という者がいて、帯方において国を始めた」と。百済伝原文では《百済者、其先蓋馬韓之属国、夫余之別種。有仇台者、始国於帯方》。この仇台については、ともに国を開いた祖とされる点に関して、上記の近肖古王（第十三代）とは音韻的にも結びつかず、時代や世代も異なるので、新石渡理論では、「仇台＝近肖古王の父」という推理が立てられた。そしてこれはなかなかにリアルで的を射ているのだ。余句＝近肖古王を実質の百済初代王（４世紀前中半）と捉えると、せいぜいがその足場を固めて援助者にもなった父親や祖父ぐらいが史実に加わりうる世代ということになる。れっきとした文献に名前のあるこの両者（仇台と近肖古王）を親子もしくは親子に準じた直系相続と捉えるのは、わりと手堅い

アプローチのはずなのである。▲注
そもそも百済の場合でも、遠大な建国神話において、温祚《おんそ》王（初代）から数えて数代は、日本にとっての神武以降の九代までの系譜そのままで、「架空の王統」と見たほうがよい。せめて、王統のなかでは中興の祖のようなイメージを持つ第八代・古尓《こに》王（在位期間２３４年～２８６年）ぐらいが、系譜は近肖古王と異なるものの、３世紀後半以降の伯済国独立時代に近く、慰礼《いれ》城（ソウルの近く）のあたりに勢力を強めたというところがせいぜいであろう。そんななかでは、この仇台を近肖古王の「直系の祖」と捉えるのも「点と点」を結びつけるような意味で、ある真実を衝いているはずなのだ。

なぜそう言えるか、もうちょっと詳説すると、実在が確かな十三代の近肖古王（余句『晋書』）の前の第十二代王は、系譜の異なる人物なのである。第十一代王が近肖古王の父・比流王であるが、こちらの生年も不詳で諱《いみな》（真の名）・諡号《しごう》（死後の贈り名）もわからず、存在感がなさすぎる。逆に近肖古王が一代でのし上がったとも言いがたいので、親世代以前の勢力や助力を考えるならば、記録にあるように仇台を祖として据えてみて点と点を線で結んでみるのもそれなりに確実な筋なのである。まして、夫余には尉仇台《いきゅうだい》という王がおり、『通典《つてん》』では、百済の直接的な祖をこの尉仇台と見ているほどで、名前のつながりが出てくるのだ。

さて、そこまでは、一般論で語れるところだが、石渡の新理論はそこからさらに禁断のゾーンに侵入してゆく。

馬韓出身で月支国にて弁辰韓（もしくは弁辰のみ）を統治していた辰王は、あの大きな争乱のかげで雌伏して地力を蓄え、半島南部にて再起し、そのエリア主要部の再領国化・再編に成功する——というふうに「大きな物語」を石渡理論は打ち建てていった。石渡信一郎は堂々とこう語っている。

延烏郎《ヨノラン》・細烏女《セオニョ》条の記事を根拠にして説明したように、337年（丁酉年《ていゆう》）に、崇神（旨・首露・脱解）の父が高島宮で死亡したので、弁韓・辰韓二国の王になっていた崇神天皇（旨・首露・脱解）が倭国に渡来し、倭国王にもなった。この時、伯済国の辰王は崇神の従兄の余句（近肖古王）の時代になっていたので、崇神は、余句の命令で、弁韓・辰韓・倭国の三国の王となったとみられる。

（『新訂　邪馬台国の都　吉野ヶ里遺跡』）

つまり、この新石渡理論では、辰王——すなわち歴代の辰王がそれぞれ代がわりしてきたうちの4世紀前半の辰王——を中心にして、このように大胆な系図の読み替えをおこなったわけである。ポイントは、［三韓時代＝4世紀の「実在王」たちの王歴］表にあるように、百済の仇台と新羅の仇道を名前の類似ゆえに同一視し、半島南部の3世紀後半から4世紀前半の時期に、あたかも辰王を「同根・同祖」とした血の一派が権力を掌握していたというふうに系図を整理・再編した点である。

したがって、「崇神＝首露王＝味鄒王」の子たちがそれぞれ、倭、加羅、新羅の「実質二代目」としてそれぞれの地で雄飛したという見立てとなっており、従来は、金海（金官国＝任那）の加羅王と倭王が「首露＝崇神」として同一で〝倭韓連合王国〟をまたがって形成していたと展開してきていた石渡説だったのが、その崇神の親世代や祖父世代も歴代の辰王だったというふうに、さらに踏みこんだ読みを示してきたわけだ。

たしかに想像をたくましくするならば、仇台と仇道は完全に等置しないまでも、兄弟関係として見ても面白いのではないかとは思えてくる。また味鄒王と奈勿王は直系ではなくて、「おじ—甥」という関係性が記された文献もあるため、下記のように、「崇神＝首露」の弟が味鄒王としてみても悪くはないところだろう（新石渡説では、崇神天皇＝味鄒王であり、味鄒王は伝説的な脱解王のリアルな像であると見てよい）。このようにポスト辰王政権のかなり「高め」の解釈＝「大きな物語」を石渡は晩年に提示したわけである。

［新石渡理論による辰王系の血脈と展開（仲島改＆まとめ）］

辰王——辰王（尉仇台）——余句（近肖古王／百済王）——近仇首王（百済）
　　　辰王弟（倭）——崇神（＝旨＝首露王／倭王）——垂仁（倭）
　　　　　　　　　　　（金官王）——居登王（金官）
　　　仇道——脱解（＝味鄒王／仇道の子）——奈勿王（新羅）

仇台と仇道が等置されたり、崇神と味鄒王が等置されてゆくのも、各国の似たような登場人物の固有名や代がわりを見るにつけ、半分ぐらいは私にも共有できるし、わかるつもりである。ことに崇神と味鄒王に関しては、崇神は「倭王旨《し》」（後述）とも等置されうるため、「味のうまさ＝旨さ」

ということろで結びつきもたしかにあり、「旨」こそが「真の名」＝諱になっていた可能性すらあるわけだ。これはこじつけでも冗談でもなくて、本気も本気である。

なお、石渡引用文にある「延烏郎《ヨノラン》・細烏女《セオニョ》条」の記事というのは、半島から日本へ行って王になったという『三国遺事』にある説話のことである。阿達羅《あだつら》王四年（西暦157年）に、日月の精である延烏郎・細烏女の夫婦が日本へ渡ってしまったため、光が失われ、王が使いを日本によこしたが、延烏郎は日本で王として迎えられているのでと帰国を拒否し、そのかわりに細烏女の織った絹織物を与えたという。それを天に祭ったところ「日月」が回復したためこの祭祀の場所を迎日《ヨンイル》県などと命名——という挿話だ。このいわくありげな記事が西暦157年であることに正確な意味合いはないし、当時の倭を日本と呼んでいるなどツッコミどころは多いわけなのだが、2世紀に半島人が日本の王権を継いだという話がまことしやかにあったと記述されているのはこの時代を考察する上で興味深いことである。

そして、肝心のこの石渡が再編した系図については、辰王（仇台）の父世代に、「別の辰王」（表の右上）を私はあてており、少しだが新石渡説を補完してみた（仲島改）。この辰王こそがおそらく246年争乱時の辰王本人ということになるだろう。下のほうにあるように子孫がここまできれいに各国にあたかも皇族将軍のように赴任したかとなると、いささかその状況が劇的すぎるきらいはあるが、図のトップのほうでは根本が辰王に集約されて元は一元だったという考えは、なかなか独自である。一国が割れて何か国かに分裂することは世界の歴史上多く見かけることだからだ。

旧石渡理論は斬新でありながら、理詰めで手堅いところがあったが、こうした新石渡理論では大胆な氏の想像力の翼というものを触知できる。私はこれらをすべて石渡追走者として肯定しているわけではない。可能な理論として検討に値するとは思うし、新石渡説の一つである以下のような鋭い指摘を受けると、だいぶ魅惑されている自分には気づくのだ。

たとえば石渡は、卑弥呼の「共立」（『魏志』倭人伝）、麻余《まよ》の「共立」（『魏志』夫余伝）、伊位模《いいも》の「共立」（『魏志』高句麗伝）といったふうに、ほぼ同時代の各国後継者擁立につき、支配階級たちがあえて「共立」という概念・方法を採用していたことに着目し、この三国の王たちのルーツが同一の夫余出自であることの証左であるというふうに結論づけている。もちろん高句麗のルーツは夫余であることはよく知られているけれど、そこに倭までが入るというのは踏みこんだ見解である。

この節で述べてきたのは、２４６年以降の百済系（馬韓系）の辰王による倭を含む半島南部の再編論の可能性ということになるが、百済王族ももちろん出自は夫余系であって、このツングース系の夫余による横のつながりには瞠目《どうもく》せざるをえない。偶然とは片づけられぬ構想の妙を感じるわけなのだ。念のため最後に、《共立其種為辰王》というふうに『後漢書』韓伝においても、辰王についてそもそも「共立」の表現を用いている点をも補足しておく。

▲注……余談であるが、韓国の歴史ドラマでは、この第十一代王の比流王の本名を〝扶余仇台〟としており、「仇台―近肖古王」という父子関係の石渡による補助線的な見立てと同じである（！）。これは偶然ではなく、それだけ「近肖古王の父」＝比流王やその兄の沙伴王（第七代王）が数十年前に即位しているなど、年代観もおかしく、系図もごてごてしているため、「近肖古王の父」を始祖王・仇台（尉仇台）と等置すれば系図がすっきりすると考えられているのだろう。びっくりしたものだ。

辰王雄飛（再領国化）という「大きな物語」③――「辰国」と「百済辰朝人」

こうして百済を中心に辰王の系譜を見てきたが、ここで忘れてはならない貴重な記録がいわゆる「扶余隆《ふよりゅう》墓誌」である。最後の百済王（６４１年〜６６０年滅亡）たる義慈《ぎじ》王の子に扶余隆（百済滅亡後に熊津《ゆうしん》都督に任じられ唐で客死している）という王族がおり、その人物像について「百済辰朝《しんちょう》人也」と記されている事実があるのだ。この貴重な墓誌の情報について事実無根として見すごすわけにはゆかない。もし、この「辰朝」を「辰王の王朝」としてオーソドックスに取るなら、夫余系とされる百済王たちの系譜のなかには辰王系の血脈も（どこからか、いつからか）入っているということにならざるをえないだろう。

もし辰王のルーツが馬韓人なのであれば（『魏志』韓伝）、同じ馬韓諸国領内において伯済国と月支国が隣接あるいは血縁的にクロスしていたというふうに類推しやすく、もろもろの説を考えることができる。その場合、おそらくは２４６年争乱のあと辰王の系譜が態勢の立て直しのために月支国から近隣の伯済国を頼ったり連携したりして、辰王系の首領が月支国・伯済国以上をも包含するエリアの首長へと成長、かの地の王へとステップアップしてゆき、仇台や余句のころにはすでに辰王の血脈が百済系王統に流れていた――というような可能性も生じてくる。

また、辰王を馬韓人と決めつけずに、先述したように『魏略』逸文から拾ってみれば、《明其為流移之人、故為馬韓所制》とあり、馬韓人ではなく明らかに「流移之人」であった辰王はそれゆえに馬韓内で馬韓のために制せられていたという解釈が別途成り立ちうるため、辰王自身も元はツングース系のような北方からの流れ者であった可能性すら一つ生じてくるだろう。
　そもそも、伯済国は馬韓諸国内の一国なのだから、理屈の上では「伯済人」は馬韓人そのものなのである。また、伯済国（百済）の王族がツングース系の夫余族であることはほぼ前提のように知られている。したがって、もしも伯済国の王が辰王であった（辰王に選定されていた）のなら、辰王は「馬韓人かつ流移之人」であるというこの〝最大の矛盾〟を止揚《しよう》できることになる。そこで『魏略』を書いた魚豢《ぎょけん》は「実は…」という裏話のつもりで辰王は流移之人だと往時の常識を書きつけた可能性も出てくるわけだ。

　なお、「辰朝」を「辰国の朝廷」と見ることもできる。いわゆる「辰国」は《真番《しんばん》辰国》（『漢書』）というような記述も残ることから、真番《しんばん》郡（前漢の「四郡」の一つ）がのちに設置された真番（半島南部説が定説だが北部説もあり）の地に存在したと言われる伝説的な朝鮮半島の国である（真番郡はたったの三〇年に満たず廃止）。辰国自体が歴史の闇に遠く沈んでおり、まさぐりようもないため、実在視しないとする論者も少なくなかった。

　ただ、『魏略』においては、右渠《ゆうきょ》（衛氏朝鮮の衛満の孫）に対し諫言したが受け入れられなかった重臣の朝鮮相歴谿《れきけい》卿が、《東之辰国》に亡命したという箇所がある。しかも「二千余戸」の民がそれにつづいたとあるので、国がまったくの幻であるのならば、ここまでの大量移入の記録は書かれえないのではとも考えられる。その朝鮮相を受容した太っ腹な国が辰国とされているのだ。右渠がまだ前漢に破れる（ＢＣ１０９年）前の時期の出来事だと書かれているため、ＢＣ１００年には、当の辰国がまだ存在していたと認めてもよいように思われる。真番郡がＢＣ１世紀に早々に廃止されるのも、設置している意味がなくなったからにほかならず、廃止に追いこまれたと見るほうが正しい。となればその要因は辰国が出張ってきたからであろう（そうして相打ちになって、辰国も辰韓諸国などに分割していったか）。

この記述のはさまれた場所からも、この朝鮮相らの亡命事件は次の王莽《おうもう》の時代（西暦20年代）よりも前のことであって、「辰国」は幻の国どころが実在の東の政体として扱われていたことは確実であろう。所在候補地としては半島の「東南」か、東部も含む「南半分」かというところであろう。というのも、半島の「西」のほうは衛氏朝鮮さらにはその後に設置された楽浪郡の勢力がともに強かったはずなので、棲み分け理論としても、西寄りではプレッシャーが激しすぎると考えられるから。西（のちの馬韓諸国の位置）には、朝鮮侯（準王）系が韓地の王としておさまっていたという情報（『後漢書』韓伝）も無下にできない。

また『魏略』から一つ判明してくることがあって、西暦20年あたりから125年に至る期間において「辰韓」「弁韓」の名が史料に登場してきており、文脈上その直前にはこの辰国（《東之辰国》）のことが記されているため、辰国からその土地の名が「辰韓」へと切り替わっていったと見なすことも可能だ。つまりその間に辰国は分裂もしくは滅亡し、文字どおりの「三韓」時代に突入していったというわけである。

さらに、《辰韓者古之辰国也》と『魏志』韓伝にもあるとおり、かつての辰韓の位置は半島東南部なのもあって、真番郡の東南説（慶尚道説）にならい、やはり朝鮮半島中央部から南（南東）の辰韓・弁韓の地に辰国はあったと私は今では捉えている。

そこで話が戻る。その「辰国」をその昔に統治していた者がいて、その者の系譜が文字どおりの「辰王の由来」だとするならば、辰王の系譜が「流移之人」扱いとされながら、かつての王統ゆえに珍重されて、３世紀まで弁辰韓をも間接統治していたという流れもありえない話ではない（かつての祖先たちの領土だから、宗主権がありそれを振るったと）。しかしこの場合、北方の夫余族（百済の源流）と辰国や辰王の系譜がどうかかわるのかを史料的に割り出すことはなかなか困難だ。

このまさぐりようもない辰国については、辰王以上に文献史学者たちもタブーのように避け、「辰国と辰王の両者の関係性」も曖昧なままにやりすごされてきたというのが、この数十年の古代史のありようである。そればかりではなく、百済と「辰朝」とのなにがしかの関係までも、残念ながらまさにスルーし、ないものと決めこんでいるのが実情なのだ。

ただ私は「歴史作家」かつしつこい人間なので、そこの（前後）関係性にすら想像力を行使し、より合理的な推理を展開したいところなのである。むしろ「推理」というよりもここはデータ処理的に順列組み合わせ理論を用いつつ、全体像を整理してから検討してみたほうがよい。

以下、辰国と辰王をめぐる百済国の可能性について、ことに〈夫余系の百済王が自分の祖は「辰朝」だと明言している〉という扶余隆墓誌の「条件」を加味した時にどういう可能性が探れるのかを場合分けしてみた。歴史的・通時的な流れを追えるかどうかはとても大事なところである。

以下、新石渡説で語られるポスト２４６年時代における辰王の大いなる再領国化の是非も含めて、伯済国つまり百済勢力の来歴について交通整理的な検証を試みた。後半になるにつれて壮大な話になっているがあくまで思考実験だと思ってもらいたい。

①ツングース系夫余：南下して伯済国を建国（漢江下流域）
↓［２４６年を機に］伯済国を拠点に独立↓のち百済へ
※従来の教科書どおりの百済像ではあるが、扶余隆墓誌の「辰朝」と平仄がまったく合わない。
②ツングース系夫余：南下して伯済国を建国
↓伯済王族が辰王と婚姻・親戚に
↓［２４６年を機に］伯済国を拠点に独立↓のち百済へ
※百済王は夫余系と辰王の血脈をともに含むことになる。
③ツングース系夫余：南下して辰国を建国（半島南部）
↓辰国王族と伯済王族が婚姻・親戚
↓辰国の分裂・消滅／かわって辰王政権システム
↓［２４６年を機に］伯済国の独立↓のち百済へ
※「辰朝」の意味は「辰国の朝廷」。辰国と辰王の関係性は未知。百済は直接的には辰王とはからまないことになる。
④ツングース系夫余（流移之人）：南下して辰王となる（月支国／辰王政権システム／また辰王と伯済王族が婚姻・親戚に）
↓［２４６年を機に］辰王は近隣の伯済に身を寄せる（亡命）
↓伯済国の独立↓のち百済へ

※辰王は「流移之人」で「辰朝」の意味は「辰王の朝廷」。箔づけのため百済は「辰朝」を名乗ったと。流移之人であるため、地元の馬韓人に制せられる理屈・原因になる。辰王の争乱時の亡命先は弁辰ではなくて馬韓諸国内だとしたらそれはこの伯済国しかないであろう。

⑤ツングース系夫余：南下して辰国を建国（半島南部）
　↓辰国の分裂・縮小
　↓残余として独立した伯済国
　↓［２４６年を機に］伯済国の拡充
　↓のち百済へ（伯済国王は辰国の系譜を含む）

※「辰朝」の意味は「辰国の朝廷」。辰王とは全然からまない。③と異なって、こちらの伯済国は辰国直系である。

⑥ツングース系夫余（流移之人）：南下して辰王となる（月支国・辰王政権システム）
　↓［２４６年を機に］月支国・伯済国を拠点に辰王が半島南部を強烈に再領国化（辰朝の誕生）
　↓のち後退し百済のみへ

※新石渡説に近い。もとより伯済国は辰王の系譜となるから、墓碑どおり「辰朝」となる。

⑦ツングース系夫余：南下して辰国を建国（半島南部）
　↓辰国の分裂・縮小
↓残余として独立した月支国の辰王／辰王と伯済王族が婚

姻・親戚に
↓辰王政権システム
↓［２４６年を機に］伯済国の独立（辰王色は薄い）
↓のち百済へ
※辰国の直接的な後釜が辰王になる説。伯済国王は辰国・辰王の血脈を含む「辰朝」に（ダブルミーニング）。

⑧ツングース系夫余（流移之人）：南下して伯済国を建国
↓伯済人＝馬韓人の王侯が辰王に選ばれて近隣の月支国で辰王システム
↓［２４６年を機に］伯済国の独立↓百済へ
※辰王が「流移之人」かつ「馬韓人」である矛盾がスマートに解決される。百済「辰朝」の意味は、辰王が昔、一族から出ているから。④は「辰王↓伯済国」だが、その逆で「伯済国↓辰王」のヴァージョン。伯済国の建国が辰王システムの開始と同じくらい早いのが前提になる。独立した伯済国に辰王色が濃ければ新石渡説に近づく。

キリがないのでこのくらいにとどめるが、ポイントは月支国と伯済国がともに馬韓諸国内にあり西部寄りで近隣国同士であったという点。すなわち「伯済人であることは馬韓人であることの十分条件」なのである！ これくらいに想像をたくましくしないと、複数の文献上の語句を拾ってそのピースを無矛盾にはめこむまでには至らない。無難で保守的すぎるけれど、②あたりに多くの人はリアリティーを感じるであろうか。

私はやはり大胆だが合理的な⑧を推したいところだ。だからBC2世紀後半ごろまで——楽浪郡ができるまで——は、辰国は存在し、その後、終末期に三韓に割れてゆき、間隙《かんげき》を縫って、辰王政権とその統治システムが成立したと見る。ただ辰国と辰王に濃密なかかわりがあるかどうかは、また別で、その可能性は低いほうと見ている。

この節でここまで書いてきた辰王の「高め」の解釈は、大枠は⑥のような考え方である（新石渡説に近い）。その反対が、オーソドックスな考え方（①）で、伯済国は、辰王によってではなく（あくまで）伯済国王の指揮でこそ強国・百済になったという説であろう。すなわち、伯済国のような典型的な韓における一小国（邑落国家）の成立過程において、最初の王（一般的には温祚と呼ばれる）ら夫余系王族たちが南下して朝鮮半島南西部にようやく居を落ち着けた際（慰礼城）、遼東からこの韓の地には混迷がひろがっており、馬韓諸国は時代相としても乱立していた。言い換えると前漢の郡県政策もそれだけ混乱し、その混乱に乗じて半島の各勢力も群雄割拠よろしく「小国家（邑落国家）」の建国だけはしやすかったことだろう。そもそも南下を防ぐべく用意されていた四郡のうちの玄菟《げんと》郡・楽浪郡の二つしかとうに機能しなくなっており、やがては北方の前線基地だったその玄菟郡も高句麗によって実質占領され、なきものとされていってしまう運命である。この①は無難なのだが、例の「辰朝」の意味を含有できないため、情報不足がありロマンもない。これにアイデアと少量のロマンを加えたのが私の推したい⑧なのだ。

また⑦のように、南下して辰国を半島南部で形成していた某勢力が内部分裂または割拠し、有力な辰王系のみが京畿道か忠清道あたりに再度国を据え（その残滓《ざんし》が月支国となり小国家に）、やがては近隣の夫余系の伯済国らとも連携していったという道筋もある（やがて辰王になる）。この場合、半島南部（旧三韓）をいったんは辰国として治めていた経験・過去から、手放してしまった辰韓・弁韓の地にも支配権が残るという考え方があったのかもしれない。それゆえに月支国から離れた弁辰韓「十二国」もその統治権が辰王に属したとする言い方（『魏志』韓伝）にならざるをえなかったという見方も成立する。

とくに後半は大きな話になってゆく。が、これくらいに考えこんでゆかないと、辰王と辰国の謎解きはいつまでたっても不可能なままなのである。保守的な学界にも一般読者に向けても、こうした踏みこんだ見方を提示してみたかったところである。

半島軍事指揮権を握っていた「鎮東将軍」百済王――盟主国に辰王の影は？

ひとわたり新石渡説による辰王像を見てきたが、ポイントは辰王と百済の同化・同体化である。もとより馬韓の一国（月支国）に居住していた辰王だから、百済と同体化してゆくような契機があった可能性はもちろん否定はできない。けれども、百済は歴代の伯済国王たちによって無難に押し上げられていったという普通の考え方だって重要だ。

なにより、こうした百済による朝鮮半島の牽引は、辰王抜きでも十二分に跡づけることは可能である。２４６年の半島争乱が収束して、それぞれがプレ古代国家へと胎動していた時期、百済は逸早く国際政治に復帰してくる。それは4世紀からの「鎮東将軍」としての百済王の位置づけからも考えることができる。

まず、372年に余句（既出／百済の近肖古王）が、「鎮東将軍・領楽浪太守」に任命され、386年には、百済王子・余暉《よき》（辰斯《しんし》王／近仇首王の次男）が「使持節都督・鎮東将軍・百済王」に任命されて登場する。

ともに4世紀の話であり、5世紀の「倭の五王」よりも数十年も早いのだ。たとえば倭における「珍」――石渡理論では、垂仁の子のワカキニイリヒコに相当――が自称した「六国諸軍事・安東大将軍」などの除正は中国の宋王朝から見送られ、ようやく438年に「安東将軍・倭国王」のみが除正された次第である（第三品）。ちなみにその5世紀になると、百済は420年に鎮東大将軍を除正されており、高句麗は416年に征東大将軍を除正されている（すでに第二品で、位が倭に先行している）。新羅がこうした除正を受けるのはのちの話であり、半島南部はどうあっても百済を中心にまわっていたし、百済の軍事指揮権が優勢なまま、半島南部でその国家体制が評価されていたわけである（前秦《ぜんしん》の符堅《ふけん》に新羅の奈勿王は使者を派遣し、377年には「新羅」の名が初登場している）。

倭はいわば「日本辺境」（内田樹《たつる》）論の対象の地ではあるが、それは新羅も同様であって、鎮東将軍・領楽浪太守としてのこの4世紀の時期の百済を低評価することはどうあってもできない。明らかに「東アジアの盟主＝主人公」は、鎮東（大）将軍を歴任してきた百済王だったというわけなのである。

新石渡理論で百済を再評価する機運がとても高かったのも、こうした当時の状況を考えると、見合ってくる。伯済国が246年以降、漸次《ぜんじ》拡大してゆくなかで、それまでその地の近隣国でありトップリーダーだった辰王一派（月支国）が当の伯済国に肩入れした、もしくは交わっていった（婚姻含め）というふうに見たほうが、合理的に伯済＝百済の躍進を跡づけることが可能であると氏は踏んだのかもしれない。あるいはハナから伯済国の王侯たちから辰王が選抜されていた史実を考慮したのかもしれない。ただ、これは諸刃の剣で、246年争乱ののち帯方郡に近い伯済国（漢江下流域）に対し、辰王がちょっかいを出して関与したり入国したりするのは、危険ではないかという考えも出てくるのだ。

そこで、旧石渡理論の鋭利さのほうを私は濃厚に愛してもいるため、百済系と辰王を結びつける大きな話はいったんここまでとし、百済はあくまで百済（伯済国由来）として自立していったという方向性を以後、取り上げてゆく。成長しつつあった伯済国と辰王のからみは薄かったと捉えたい。実際に、4世紀後半になると、百済王の余句は飛ぶ鳥落とす勢いで、高句麗（故国原王）さえやっつけていた。倭の情勢とも大いにからんでいる。3世紀の辰王ネットワークにかわり、盟主として領楽浪太守を務めていた余句が倭王と互恵的に同盟していたことが石上神宮《いそのかみ》（天理市）の金石文、いわゆる七支刀銘文（国宝）に刻まれている。その相手が「倭王旨《し》」であり、石渡が崇神天皇として見なしている大王である。4世紀の時点ですでに倭の協力に対し国家として返礼（七支刀のプレゼント）する外交的存在がいたという事実のほかに、遅くても4世紀中後半には倭の王権が畿内ヤマトには確立されていたという重要な記録を見出せる。この余句と倭王旨の二者は同世代なのだ。しかも百済が倭に対して「侯王」と述べていることから上位者は百済であったこともわかる（それも当然で、この時の近肖古王は高句麗王を平壌で敗死させたほどのツワモノだった）。

だがたとえば、以下に示すような史観では、この畿内ヤマト情勢を説明できない。たとえば奥野正男は『邪馬台国の東遷《とうせん》』『騎馬民族の来た道』などの労作を残した優秀な研究者であり、江上波夫以来の騎馬民族渡来説を修正し、現実的に着地させようとした古代史における多大な功労者である。ただ、氏の「渡来説」の基本では、半島（とくに加耶地方）から北部九州に足跡を残して、河内地域（世界文化遺産となった百舌鳥・古市古墳群がある）を終着とするルートを構想してきていた。この場合、内陸のヤマト（纏向遺跡など）が半島渡来説の構想外になってしまうのだ。しかしながら、上記の百済王・余句がヤマトの倭王旨と軍事同盟をしていたこと（４世紀後半）は明瞭なのだから、倭王旨を加耶系出自（首露王）としヤマト地域を王都としていたという石渡説のほうが奥野説よりもずっと連携のありようにおいて正鵠《せいこく》を射ていたわけである。

念のため言うと、石渡理論の基本は、時期的に異なる二つの渡来勢力（加耶系と百済系）による倭王権の建設――という内容なので、畿内と河内の二つの王権の実体が説明可能になるが、河内政権だけを取り上げすぎるようになると、畿内ヤマト政権がお留守になってしまい、そこをうまく説明できない難があった（その逆も真なり）。だからこそ〝新旧二つの渡来勢力〟を位置づけた石渡理論が輝く余地があったわけであり、これらは私の前著にも詳細を記した。

なおその後のなりゆきを書けば、４１６年に、百済の余映《よえい》（直支王《ときおう》）が「使持節都督・百済諸軍事・鎮東将軍」に除正され、４２０年には「鎮東大将軍」に格上げをされる。他方、倭のほうは讃が４２１年に宋に使いを送っており、前記したように、次の珍の時にはじめて「安東将軍・倭国王」

に任じられる。両国の「格」がこれほど異なるというのに、数十年前までは、まだ倭の「半島経営論（任那日本府による）」が大手を振っていた次第なのだから、やはり客観的な研究成果が出そろって定着してくるのは大事なことだ。ぐうも言えぬように「事実」を鮮明にしてくれている。倭が「安東大将軍」に除正されるのは武の478年を待たなければならない。

〝倭韓の任那加羅〟が成立するまで――機能した「辰王ネットワーク」

このように後期の石渡信一郎が生み出した新理論――辰王による百済系国家像を中心に置く半島再編論――は、とても柄の大きな構想であり、血脈が乗り入れるような遠大な理論であって、こう書きながら私自身も気宇壮大な気分になってくるほどのものである。江上波夫の騎馬民族説にも「辰王の名」は当然のように出てきてはいたけれど、各三韓の系図を踏まえたような詳細なものでは実はなく、ずいぶんとアバウトな理論構築であったから、細部の組み立て方は異なっていた（たとえば一つには、江上は246年争乱のことに言及せず、普通に4世紀半ばまで辰王一派が弁辰韓諸国にいたというふうに見ていたのも今からすれば不自然だ）。

その分、長い古代史研究の歴史のなかでも、ここまで「辰王伝説」をリアルに時に大胆に史実と照らして組みこんできた史観はなかった。そこに私が、246年動乱の情報をめぐって重箱の隅をつつき、独自解釈を補遺として加えてみた次第である。金官国（任那加羅）の素《もと》が従来の辰王の権力と密に関係していて、辰王の勢力を源とし、そこから発展していった――というほうの説をまずは展開してみた次第である。

では、前節まで語ってきたこと（「辰王雄飛（再領国化）という「大きな物語」①②③」）との対になるように、のちの渡来勢力（崇神天皇の系譜）の内実を百済系とも辰王系ともあえて関係づけず、弁辰内を中心とした「加耶系（とくに任那系）」としか言いようのない勢力として捉え返す別の考え方を披露してみよう。こちらの考え方は「辰王の系譜」と結びつけない分、ずっとシンプルになるはずだし、現に旧石渡理論はそうだったのである。ちなみに、今の林順治による古代史展開もこの辰王伝説その他をほとんど考慮せず、「加耶系渡来集団」を始点とした崇神天皇の体制をそのまま理論化している。

まず、先と同じように、遡ってあの２４６年動乱の時期を始点に置いてみる。

当時は「負け戦」ゆえに半島南部にも激震が襲い、韓那奚等数十か国は落ちて、比較的、争いに遠く傍観的であったはずの弁辰諸国や場合によっては隣国の倭は「落ち武者」たちや難民たちを受け入れたり拒絶したりで物騒な時期を長く経たであろう。辰王の影響力も自然衰えたろうが、名前を出しての死亡説は文献にはまったくないので、その子孫も含めてサバイバルし、しばらくは雌《し》伏《ふく》することにはなったであろう。統治のコントロールタワーだった月支国（馬韓）からはおそらく落ちのび、領国のなかで馬韓よりはずっと奥まっており、洛東江の流れに守られ安全地帯であったはずの弁辰諸国（とくに強国でそれぞれ臣智とは別名の大首長がいた弁辰狗邪国や弁辰安邪国）や倭（半島南端の）のエリアにまで逃げのびたと見ても悪くない。

そこから逆襲と再編に転じたというのが「辰王の雄飛の物語」であった。が、ここで次いで語るのは、そうした大胆な辰王の飛躍はおこなわれず、まだ名前のない王侯や臣下あるいは民たちが、労苦の末にのちの任那（金官国）を立ち上げるまでに至ったという「無名の者たちの生き残りの戦略」である。

つまりこの枠組みで考えるのなら、「加耶から渡来した崇神天皇」の正体とは、いわくありげな血脈を引いた者かもしれないけれど、いわば「名前のない男」だったのである。この名前のない男はまず、弁辰狗邪国を中心に倭や弁辰瀆盧国などの協力・合力を仰ぎ、「狗邪韓国」を成立させた。既述してきたとおり、任那加羅や金官国の前身である。すなわちこの任那は、ある時点でその地の倭韓両族が融合した上に、ローカルな地元の有力者が統治を開始した狗邪韓国の後身である。

「任那王家」の起源の問題①――「王」＝金首露は誰だ？

私は先に、当時の狗邪韓国（のちの金官国）に「辰王の系譜」が多大にあった場合（可能性）と、ない場合を両方とも歴史解釈として考え、そして比較してみたい旨を書き、多大な関係性があった場合を辰王雄飛の可能性として新石渡理論越しに縷々《るる》書きつづってきた。

だが、「ない場合」を改めて書き紡《つむ》ごうという場合、辰王と任那（のちの金官国）との関係や影響が「きわめて薄い場合」は十分ありえると思うのだが、血脈的にも組織的にもまったく「ない場合」というのは、なかなか想像できないことに改めて気づかされた。辰王の事績が弁辰条に記されているのが多い点もある。

辰王の直系では仮にないにせよ、傍系（姻族）か、組織的・利害関係的にはつながっていて（係累）、それが金官加耶の盟主国にひときわ利点《アドバンテージ》や付加価値を与えていったのだと結論づけたい誘惑に駆られる。

もう少し具体的に言えば、辰王の系譜が半島南端にまでやってきて、高官たちも含めた辰王システムとしての政治的権能を温存し、のちの金官国の基盤や構成を基礎づけたというところまでの流れはよいと思う。武田説が語るような幹線的な「辰王ネットワーク」は伊達ではなかったということであろう。一つには今のソウルより南で地理的に弁辰の近くにあったとされる月支国の有利さ。さらに具体的に言って、鉄資源の発掘・入手から鉄器生産とその先の管理・流通機構を辰王一派は掌握しやすい立場にいたであろう点。これら鉄をめぐる交易の中心地＝半島南端の弁辰にもとより関連の深い一派だったということが大きかった。権益に近しい集団は自らの力をなんだかんだで温存しやすい。

その一方で、その後の辰王の直系・傍系のいずれかが「氏」としての任那王家にまで到達したかというと、そこまでは私も断定的には言えまいと考えている。このあたりが現在、学究と想像力でともに許容されうるぎりぎりのところではあるまいか？　そこを明瞭に証明できるとすれば、辰王や首露王のどちらかに関係した墓誌の新規の発見か、それこそ核ＤＮＡが採取できるような遺骨が頃合の場所から発掘されるのを待つしかない。

他の論者・研究者たちと比較相対的に言うなら、辰王はむろん滅んではおらず（武田幸男、東潮らは滅亡説）、半島南端に到着して、持ち前の組織力から任那（狗邪韓国の拡充版）を樹立するべく勢いを徐々に盛り返した。とはいえ、「ことごとく三韓の地に王たり」（『後漢書』韓伝／江上、坂元、石渡らの解釈）というほどの隆盛を再び見せたのではない。そもそもそれほどの「三韓之地」の王であるというわりには、２４６年の争乱での辰王の存在感がなさすぎるからでもある。辰王システムも2世紀以降は有名無実化しており、各地の臣智たちが大首長として振る舞っていた可能性もあながち捨てきれない。あの戦時で表に立っていたのは文献上も臣智たちだからである。

それでも西暦２４６年のあとの混乱期、韓那奚等数十国もが魏に降ってゆくなかで、しぶとく辰王は南下して自らの残っていた権力と権威を温存したはずだ。繰り返して恐縮だが辰王についての記述が、『魏志』でも『後漢書』でも総論の韓伝（馬韓条）以外は弁辰条を中心に見られることも想起してもらいたい。

その地にはかつて帯方郡の支配下にともにいた倭の一族たちがいて、倭韓は一体となってそこで生き残りを模索し画策した。そこまでゆくと辰王関係の王侯・配下と倭韓両族の利害関係者たちとのあいだにさほどの方針の差異はなかったと思われる。半島の今次の内乱ではどの人間たちも巻きこまれた当事者にほかならず、もはや対岸の火事でやりすごすというわけにはゆかなかったからだ。そこで私は、辰王の影響力はまだ強く、「他」へとつながったとは思うものの、その場所で辰王は別の地元の「強者」にバトンを手渡したという説を採りたい。

この先ですぐ語るつもりだが、この「強者」こと「任那新王家の当主」（のちに金氏を名乗る）がすでに台頭してきていたか、新たに禅譲的に後継者を押し出させるかして、そこまで生きのびてきていた辰王一派は役割をはたしえた。その時の辰王の健康状態、年齢、また親族や配下の質と量などの各種パラメーターによっては、すっかりそこで亡命状態となっていた可能性も高い。その場合、権力は失せ、権威だけは残ったかもしれぬが、なし崩し的にこの南の辰王伝説も風化した、というところだろう。

すなわち一つの結論として、辰王系の血脈は首露王とは少なくとも直系的にはつながってはいないだろうが、その辰王ネットワークの強力さゆえに後継的（傍系的）にはつながっていると考えられる。

名前の出た大物である「金」姓のある「首露王」（金首露）は、北方系の降臨伝説を有する王である（日本神話のたとえばニニギノミコトによる天孫降臨とそっくりであると言われることが多い）。『三国史記』列伝一の金庾信伝では、《後漢の建武十八年（西暦42年）壬寅に、亀旨峰《クシムル》（クジボン）に登り、駕《か》洛《らく》の九村を眺め、ついで、この地にきて国を開き、国名を加耶といい、後に金官国と改名した》と見えるが、その実《十二世の祖の首露は、どこの人かかわからない》と来歴に関しては明示していないのが、正直すぎるほどで眼を惹きつける。慎重に言うなら、辰王利害関係者《ステークホルダー》の協力や後押しがあって、やがて（プレ）任那が立ち上がるに至ったというところが事実であろう。そう強く言いたいのだが、その言い方ではまだ「誰」が主体として〝任那王〟に立ったのかがわからない。すなわち崇神王家や首露王の直接的な起源、ひいては崇神天皇の起源について、われわれはまだ名指すところまで立ち至ってはいないのだ。

「任那王家」の起源の問題②——ふたりの「辰韓」の男たち

そこで、私の考える最後の推理を二節に分けて披露して、この章を終わろう。

この任那王家の「起源」には、ユニークな腹案があるのである。辰王について種々の事柄を語ってきたなかで、『後漢書』弁辰条にある蘇馬諟《そまし》のエピソードを先にちょっとだけ紹介した。後漢時代の西暦44年に、韓人で廉斯《れんし》（半島東南部における辰韓のとある地方）人の蘇馬諟が、楽浪郡に朝貢し、認められて光武帝から「漢廉斯邑君」を授受されたというものである。四季ごとに楽浪郡に朝貢した点も特筆されている。

朝鮮王準為衛満所破、乃将其余衆数千人走入海、攻馬韓破之、自立為韓王。準後滅絶、馬韓人復自立為辰王。建武二十年、韓人廉斯人蘇馬諟等詣楽浪貢献。光武封蘇馬諟為漢廉斯邑君、使属楽浪郡、四時朝謁。

（『後漢書』韓伝弁辰条／傍線は人名や王号や民族一般）

重要なのは廉斯の蘇馬諟も少なくとも周辺国の「王」かそれに準じるレヴェルであり、《韓国》（『後漢書』光武帝紀）代表の相応の存在だということと、楽浪郡とはよしみを通じているということだ。ここで私が照合したいのが、『魏志』韓伝が引く『魏略』において、「廉斯」つながりで名前のそっくりな男のエピソードが登場してくることである。意訳して部分を引用してみよう。

王莽（新の皇帝）の地皇《ちこう》年間（西暦20年〜23年）、韓の廉斯（辰韓の地名）の人・鑡《さく》は辰韓の右渠帥《ゆうきょすい》（ナンバー2）であったが、楽浪郡の土地が美しく、人民が安楽にすごしていると聞き、亡命を望む。そして、鑡が辰韓の邑落《ゆうらく》を出ると、田で雀を追う男と出会ったが、言葉が韓人とは異なる。問うと、男は「我らは漢人で名は戸来、我らは仲間の一五〇〇人と材木を伐採しているところを韓に襲撃され、皆が断髪され奴隷にされた。もう三年になる」と。鑡は「私は今まさに漢の楽浪郡に降るところだが、一緒に行きたくないか？」と言った。戸来は「行く」と答えた。

鑡は戸来を連れて辰韓を出、楽浪郡の含資県（黄海北道瑞興郡）に到着すると、県は楽浪郡に伝え、郡は鑡を通訳として、芩中（地名）から大船に乗って出発し、辰韓に入った。仲間一〇〇〇人を救出したが、すでに五〇〇人は死んでいた。鑡は辰韓に対し言った。「汝ら五百人を還せ。もし還さないならば、楽浪郡は万の兵を船に乗せて汝を撃つだろう」。辰韓は「五〇〇人はすでに死に、我は死んだ人数分に値するものを贖《あがな》う」と言った。辰韓は一万五〇〇〇人を、弁韓は布を一万五〇〇〇匹提出。鑡は相当する分を徴収して郡に還った。楽浪郡は鑡の功を称え、衣冠と田と家宅を賜《たま》う。鑡の子孫は数代ののち安帝の延光四年（125年）になって、この功故に再び叙勲を受けた。

時代は二〇年ほど異なるも、楽浪郡との善き通好ぶりをはたした韓人の男をめぐる証言となっており、同じようなことを片や一句で、片や長めの挿話で語ったものである。ふたりの「廉斯」の男たち——という具合だ。ともに楽浪郡がまるで善意の楽園であるかのように描写されているのは苦笑せざるをえないけれど、そうした政治性よりも、興味深い事柄が書きこまれている。

この「廉斯の鑡」は「辰韓」のナンバー2であるとはっきり書かれており、当然『後漢書』弁辰条に登場する「廉斯人の蘇馬諟」も辰韓もしくは弁辰韓に出自を持ちそのエリアを治める首長層だということが判明する（同一人物や親族かどうかは不明）。ともに結構な権力者だ。ただこの時代に三韓のうちの一つの辰韓がその看板名ですでに存在していたかどうかはやや怪しい。けれどこの文章の直前には「東之辰国」に亡命した「朝鮮相歴谿卿」（重臣）とそれにつづいた「二千」人ものひとびとのことが書かれている。

辰国が四分五裂（三分）したうちの半島東南の一角が辰韓（諸国）だとすれば、継承関係が密だったかどうかはともかく、辰国に源する国（土地）がそこにあったことはまちがいない。少なくとも、その「東之辰国」につづくこの話の連続性からいって、辰国を形成していた主要な二国がのちの辰韓と弁辰（弁韓）に相当するという説にこれは素直に傾くところであろう（辰国は南西側の馬韓も部分的に含んではいたろうが）。

ここでは辰韓サイドが無理やり連れてきた一五〇〇人のうち、一〇〇〇人は後漢（楽浪郡）が奪還したものの、亡くなっていた五〇〇人分の命が帰らず、それを償うために、辰韓だけではなくて弁韓の名前も出して両国がともに後漢サイドに賠償したという話になっている。ここが奇妙だ。弁韓はこの文脈では大量誘拐の主犯になってはいないが、弁辰韓というぐらいに密接な地域でもあり、道義的に共同責任を取るほどにも二国はその関係性や紐帯《ちゅうたい》が強かったということなのか。こうしたこの二国の類似性・同質性は『魏志』韓伝などでも強調されているけれど、実際には土器のようなモノづくりにおいてとくに顕著で、弁辰韓土器（三韓瓦質土器、三韓軟質土器）といった名称や古式新羅加耶土器（古い陶質土器）としか名づけようのないカテゴリーが今や一般的である。もとより『後漢書』弁辰条では、「弁辰と辰韓は雑居し、城郭・衣服は皆同じで、言語・風俗に差異がある」

というふうな記述もある。

さて、それだけ融合していた観のあるこの弁辰韓において、私はこの『魏志』韓伝と『後漢書』韓伝に共通する因子として「廉斯」という地名のことをよりいっそう特筆しておきたいのだ。

実はこれにつき新石渡説では、廉斯の蘇馬諟が「辰王システム」の一環だとすでに考えられている。時系列で語れば、朝鮮侯だった準王が押し出されるようにして攻撃した馬韓の地で、今度は「韓王」を名乗ったというが（『後漢書』）、その後つづいたはずの代々の韓王が実は辰王たちにほかならず、そのうちの後年のひとりに蘇馬諟がいたのではないか――と捉え返されているのだ（『新訂　邪馬台国の都　吉野ヶ里遺跡』／Ｐ１６０の引用文も参照）。

文献では、やがて「韓王」としての準王が滅びたあとに馬韓側が辰王に「復」位したという情報があるのだが（第2章「辰王問題」の決着へ①）、これを石渡は政治的なフェイクだと疑い、そのまま準王の子孫が権力を継承しつづけたと考察した。いわば「韓王」システムから「辰王」システムへとストレートにつながっていったと見ているわけである。たしかにこの説では地理的なつながりは一つ得心できる。準王が「海」から陸に上がり征服した韓地は馬韓だと記されており、そこにはあの辰王の王都があった月支国も含まれているからだ。

石渡はさらに一歩を進め、準王が征服した国を辰国そのものだと把握した。辰国を制圧した「韓王」だからのちに「辰国の王」としての辰王を名乗ったという道筋にもなる。この氏の晩年の説は、正直なところ、私にとってまったく意想外のアイデアで、瞠目させられるところが多分にあった（辰国と辰王を対立関係にあるものとは毫《ごう》も考えたことがなかったのだ！）。まず、辰国（ＢＣ2世紀～）の終焉期を明瞭に資料内で後づけできる点。辰国南部説がそのまま通用する点。「辰王」システムの前段に「韓王」がいて、ひとつづきであったと見立てることで、「韓王」こそが「辰王の走り」であったことにそれなりに説得力がある点。このあたりの洞察はさすがとしか言いようがない。

　ただ難点もあり、この最後の点に関して、馬韓人がのちに「また（復）」自ら立って辰王になったという記録を考えると、最初の先行した辰王が「韓王」たる準王であったとして、次に馬韓人が辰王になったことを「復＝再び」王になったというふうには表現（含意）しないのではないか、と。あくまで辰王システムがあったところに、韓王（準王）が立ってシステムが一旦絶たれ、のちに再び馬韓人が王に就いたことを、「復」と表現するものではないか？と私は考える。

　というわけで、この説には魅惑と一種の現実味を覚えさせられるけれど、ほかにも課題がないわけではない。最大のそれは、辰国を制圧したのが準王だった――ということが《攻馬韓破之、自立為韓王》（『後漢書』）の「裏の真実」だったとするのなら、そこを明瞭に（ベタに）「攻辰国破之、自立為韓王」と記載するのが通常ではないか、と思えてしまうこと。後世の編史官たちがぼかし、糊塗しなければならないほどのことなのか？と。もう一つの難を言えば、辰王ばかりか首露王の先祖も準王（箕準）すなわち殷の関係になってしまい、話が大きくなりすぎないかということである。ただしこちらは、それが事実ならばまさに事実の凄みということなので、私も肯《うべな》うのにやぶさかでないけれど……。

　準王のいなくなったあとに馬韓人が「復（また）自ら立って」辰王となった――ということの『後漢書』の情報は、私はフェイクどころかなによりも正確で真実味があると見ており、裏読みせずに、辰王の本質――「辰王＝馬韓人」説（『魏志』）と「辰王＝流移之人」説（『魏略』）――が並び立ち、無矛盾で有効になる読みはほかにもあると考えているのだ。

そこで、新石渡説とともに以下に私説を並べてみる。

長々と世紀をまたいでつづいた辰王システムの最初期（「準王」）と中間（馬韓人自立「辰王」）と1世紀中盤（「漢廉斯邑君」蘇馬諟）を時系列的に〝串刺し〟にしてくれているのが、①の石渡説だ。

［半島南部の覇権の変遷　二説］

①辰国↓（準王の馬韓攻撃で）韓王（＝辰王の走り）↓（馬韓人の）辰王↓（廉斯人）蘇馬諟

②（馬韓人の）プレ辰王↓準王が韓王に↓（伯済人＝馬韓人の）辰王「復」位↓（廉斯人）蘇馬諟

そして、②が仲島説である。こちらは継続したものというより、強い勢力が交替したり並び立ったりしたという権力の変遷である。先述したように、漢江下流域に建国した伯済国の「伯済人」とは「馬韓（諸国）人」にほかならないわけだから、もとより夫余系である伯済国王族（王侯）のひとりが辰王であったのならば、「馬韓人でかつ流移之人」といういわくありげな両説の言い分が無矛盾になる。しかもこれなら「復」位するという意味合いにも合う。なによりも、馬韓人が王になっているのに馬韓に「制せられ」ているという「辰王の条件」が意味不明だったけれど、夫余出自で伯済国の係累が代表して辰王になっているのならば、他の馬韓人たちがちょっかいを出して王権をチェックしていても別段奇妙な話にはならないだろう。最後期の200年代にもなれば、和合・

混血も進み、おそらくこの夫余＝伯済系辰王も地元になじんだローカルな馬韓人の代表者へと成長していったと私は考えている。

最初の辰王が一般的な地元馬韓人の「プレ辰王」となっているのは、この段階（BC100年代）から伯済人が辰王になっているほど、夫余族の南下は早くはなかったはずだからだ。この最初期は歴とした辰王の統治システムもまだ完成していなかったであろうし、単なるローカルな共立で王が推戴《すいたい》されただけの制度だったのかもしれない。もしくは辰国（BC2世紀～）の王による命令で、地元の馬韓人を用いた統治がゆるやかにあっただけかもしれない。とにかくポイントとしては、韓王の前に一度は辰王（的）システムがないことには、「復（また）自ら立って」辰王になるという言い方はできないということであり、そこだけは是非とも強調しておきたい。

次なる問題は、上記の系譜案①に言えることなのだが、蘇馬諟が廉斯人（おそらく辰韓地域の出自）であって馬韓人ではない点であり、そこをどう位置づけるかである。新石渡説のように〈準王の子孫が蘇馬諟である〉と断定するためには、馬韓（準王が攻めこんだ）と辰韓はやや遠いわけなのだ。ただ私はこのことは説明できなくはないと考えている。蘇馬諟は、その名前に印象的な「馬」が入っているとおり、実は血縁的に「馬韓系の廉斯人（辰韓人）」もしくは「辰韓系の馬韓人」であったと考えてみるのである（ちょっとした補助線的な思考だ）。その場合、①も②も「下二つ」がみごとにつながり、結果的に、この見立て全体が正しいことになる。中間的に辰王に立った伯済国系馬韓人たちのうちの後裔のひとりに蘇馬諟が該当するということである。

私としては、この②の見立てのほうが史料の情報に寄り添っておりエクセレントな気もするのでこちらを推したいところだ。『魏志』『魏略』二書の矛盾も止揚できる分、古代史ファンの知的好奇心も満足させるものにはなるはずだが、さて読者はどう思われるだろうか。▲注
最後に、蘇馬諟は『後漢書』弁辰条にのみ登場するように、エリアとしては弁辰とくに中枢の狗邪国に関連していた可能性にも言及しておきたい（辰王とかぶる）。

▲注……そして補足を一つ。①の見立てを後押しするものだ。以下は私が林順治から引き継ぎ一部を編集担当した山崎仁礼男の本『新・騎馬民族王朝征服説』で教えてもらったことである。準王の先祖である「朝鮮侯」のひとりが、勃興して周を脅かす燕を撃とうとするが、「大夫」（たいふ／官の称号で重職）の礼（人名）に諫められたという件がある。大事なのはこの「大夫」職で、実はこの称号は周時代の「卿・大夫・士」の一つである古いものであるのだが、魏晋時代には用いられていないという。けれど倭の史料には、『魏志』倭人伝の《大夫難升米》はじめ、『後漢書』の倭奴国の使者も「使自ら大夫と称す」とあるなど倭人にちなんで使用例が複数見られるのである。つまり、ここには準王時代以前からの称号の連綿とした連続性があって、準王〜蘇馬諟に至る王のつながりが倭において継承されていったのではないかという遠大な証拠になるというわけだ。山崎説は蘇馬諟らのことを語るためにこの部分を語ったわけではないけれど、こう換骨奪胎すれば、その意味合いとしてもいっそう輝くものだ。

「任那王家」の起源の問題③——そこにいた「狗邪」の王

そうして「廉斯」をめぐる話にさらにドンと一つつけ加えたいことがある。

蘇馬諟に関しては、意外でもないだろうが専門の研究者たちの評価は高い。その評価の高さは、朝鮮半島南部のローカルな首長が後漢時代に光武帝《こうぶてい》に朝貢し、いわば《韓国》（『後漢書』光武帝紀）の代表として「漢廉斯邑君」に冊封されているという大きな事実ゆえである。そうした大立者《おおだてもの》が出

現した背景には、半島南部のその古代社会が成熟しはじめ、交易や外交ができるような対外的に魅力のある生産物もとうに抱えはじめているということがある（ただ歴史ファンも含めてこの人物の認知度が低いのはとても残念）。

さて、私は金官国の首露王につながる系譜探しを、まるでチベット仏教の後継者（生まれ変わり）を探すかのような具合に、本編を書く前も書きつつある途中でもつづけてきたようなものなのだが、史料や各種情報を見て取り、書いているさなかにようやくその姿を朧《おぼろ》ながら見つけた気がする。

今回の書物による探求譚は、辰王が首露王の系譜とつながっているという大胆な石渡説を踏まえ、それを肯定するか否定するか、あるいは修正するかというところからそもそも開始された。そしてようやく、辰王系の血脈は首露王とは少なくとも直系的にはつながってはいないだろうが、辰王ネットワークの強力さゆえに後継的（傍系的）にはつながっている——という結論めいたものを打ち出した。

そこで私が提起するのは、「ふたりの廉斯人」のうちのとくに蘇馬諟《そまし》の存在であり、直接的にはその子孫のことである。

辰王を第2章で語り起こした際、臣智についても説明したことを想起してほしい（「辰王と臣智②」参照）。臣智レヴェルの大首長として、四つの特別な国ぐにでは臣智とは呼称せずに別の名前（号）で呼ばれていたという史実についても書いておいた。とくに半島南岸の二つの国がそこに記されており、一つは弁辰安邪国（現在の咸安）、もう一つが第2章のテーマでもあった弁辰狗邪国（金海にあり咸安とは隣接）である。肝要な点は「臣智」にかわる別名の「号」が弁辰狗邪国では「秦支廉《しんしれん》」

という名前になっていることだ（弁辰安邪国では「踧支」）。

よく見ると、この名前＝秦支廉には意味ありげな「要素」が光り輝いている。「秦」とは、辰韓の元ネタたる「秦」の国の字であって、『魏志』辰韓条では、秦からの亡命者グループが韓に来たのが辰韓の源であるというルーツ説が取り上げられている（《自言古之亡人避秦役来適韓国》）。また「廉」はここで語ってきた「廉斯人」の字そのものであり、蘇馬諟の一族との濃厚なからみを覚えさせるに足る。

つまり私の考えはこうだ。「廉斯の鑡《さく》」（『魏志』）は「辰韓」のナンバー2であり、「廉斯人の蘇馬諟」（『後漢書』）は漢廉斯邑君に冊封された大首長である。両者の時代差をこえて、おそらくは縁戚同士であったかもしれない。どちらかと言えば挿話的な「廉斯の鑡」よりも、『後漢書』光武帝紀でも西暦４４年に入貢記事の見える「東夷韓国人」蘇馬諟のほうをより客観的な実在者であると推したいところである（《建武二十年（中略）秋、東夷韓国人率衆詣楽浪内附》。ちなみに、倭の場合は、《東夷倭奴国王遣使奉献》とあって、あの金印（志賀島《しかのしま》）ゲットも同時代の朝貢行為の一環とそれゆえの見返りであることも再確認できる）。

蘇馬諟がその独自性でなによりも光るのは、『後漢書』弁辰条の辰王をめぐる記述文のすぐあとに出てくること。従前の辰王が滅んだとも消えたとも受け継がれたとも何の言及もないうちに蘇馬諟の名が登場してくるのだ（《馬韓人復自立為辰王。建武二十年、韓人廉斯人蘇馬諟等詣楽浪貢獻》）。つまり蘇馬諟は辰王の権力を半ば受け継いだか奪い取ったかして（弁辰つながりである）、漢廉斯邑君としても権勢を振るったのだ。往時の辰王（辰王システム）が一時的にでも弱かったのであろう、間隙を衝いて臣智＝「邑君」レヴェルの蘇馬諟が権力者として突出してきた可能性が高い。臣智と同じ「号」レヴェルである秦支廉の呼称は、この「漢廉斯邑君」蘇馬諟の子孫こそが受け継ぐのにふさわしい。西暦４４年時点ですら、「韓」の代表は蘇馬諟だったのであるから、事実上、いったんは辰王勢力をしのいだとも言えるであろう。

この蘇馬諟の子孫たちのうちの2～3世紀のある勢力は、従来の辰韓エリアだけではなく、混融した弁辰韓のうちの有力国・弁辰狗邪国の大首長になっていた。そのレヴェルはとうに臣智と同じ階層すなわち「秦支廉」である。臣智の号は自ら名乗ったという記述があるとおり、「秦支廉」にしろ当地の大首長がいつからか過去の偉人に「故事つけ」て名乗ったものであろうし、当然それは中興の祖である蘇馬諟の出身地・居住地「廉斯」と辰韓のルーツたる秦を意識したものとなっていた。したがって、弁辰狗邪国の大首長「秦支廉」の子孫のひとりこそが金首露だった――ということになる。

そこでまとめると、

南岸の弁辰狗邪国は隣の弁辰安邪国ともども、もとより勢力が強く独立性の高い土地柄であって、弁辰もしくは弁辰韓の一部を治めていた辰王一派はそこを頼って落ちのびてきた（２４６年）。そこで当地の臣智レヴェルの有力者＝「秦支廉」（の当主）と合作した。ただし国づくりをめぐる内実は程度問題のため、以下のような場合分けができる。

①辰王が「主」（政治的先導）で、弁辰狗邪国（秦支廉）が「従」
②辰王が「従」（たとえば亡命者のよう）で、弁辰狗邪国が「主」であり辰王らの庇護者
③辰王はやがて死し、その王族が亡命、弁辰狗邪国は大義名分のみを得る（ほぼゼロサム状態で、秦支廉が完全トップ）

——というふうに、その後の政治的統合過程においては、これらの三択を提示できる。

このうちの②か③が、辰王問題の真の決着である。末期の辰王勢力を取りこむ形で、辰王ネットワークの力を後継できたことが、金官加耶のその後の興隆の理由（遠因）にもつながっていったと考えられる。なにしろ蘇馬諟が「韓の国」を代表して対外的に認められている時点で、辰王の力は実はピークアウトしていたと受けとめることすらできるのだ。だいぶ弱体化していた辰王の力。こうした見立てこそが、２４６年争乱における辰王の存在感のなさを物語っているのではないかとも思える。

なお新石渡理論では、この①の前の「幻の選択肢」として「辰王が完全トップ（主）で、弁辰狗邪国の秦支廉とは逆にゼロ状態（従）」という前提のもと、半島南部の再編に着手した、ということだったのだろうが、この大きな説をフォローできるほどの材料が私にはなかった。また幻の④説として、辰王と弁辰狗邪国はまったく関係も有さずに、弁辰狗邪国が（いわば勝手に）発展した、というものも観念としては想像できるのだが、それは従前に否定したところである。外交・交易・交通・情報などの辰王ネットワークはそれほど強く、とくに他の強国の大首長（称号）であろう遣

支報（臣雲新国）と不例（臣濆沽国）はともに馬韓勢であり、246年動乱にひどく巻きこまれてダメージを受けていた可能性がとても高い。負け戦において、戦乱から遠い踧支（弁辰安邪《あや》国）と秦支廉（弁辰狗邪《くや》国）を辰王らが頼るのは理の当然なのである。通説では月支国よりも伯済国のほうが帯方郡により近い北部に位置するとされているため、私が先に検証していたところの〈辰王の伯済国への亡命〉も戦地に近く危険という理由で否定できると考えている。

3世紀半ばの時点でのちの任那王家に首露王はまだ生まれてはいないだろうから、この時の秦支廉（当代）は金首露の父世代や祖父世代であったはずだ。すなわち「王」としての金首露はこの後の再興期に弁辰狗邪国内で生まれ育ち、いつしか「秦支廉の看板」ははずして、王家の台頭ともなっていったと考えられる。「任那」の名は、首露王即位以前からの国名・狗邪韓国が、この首露王の親世代のどこかの時点で新しい王国名に変更されたものであろう。契機としては倭に本格的に進出していった際の半島南部サイドの国名というところでまずまちがいはないだろうと思われる（4世紀のうちか）。「金官国」の名はもっと後世に名づけられたものだ。

［覇権の変遷（通史）］

（馬韓人の）プレ辰王↓準王が韓王に↓（伯済人＝馬韓人の）辰王「復」位↓（廉斯人）蘇馬諟［「漢廉斯邑君」冊封年：西暦44年」が事実上、辰王すらしのぐ↓蘇馬諟の子孫が弁辰狗邪国で大首長に↓やがて邑君（＝臣智）レヴェルの（弁辰狗邪国の）秦支廉となる↓246年争乱

辰王後継者の秦支廉：倭人とともに狗邪韓国が興隆↓王家（金氏）～　↓金首露王［即位年：西

暦４２年（実際は３４２年）」

最後にダメ押し的にちょっと面白い説を披露したい。

蘇馬諟が「漢廉斯邑君」を冊封された輝かしい年度は西暦で言うと４４年である。他方、のちの首露王が即位した年度は西暦４２年なのだ。もちろんこの早すぎる年次は研究者たちも信じぬ造作であって、実際は干支五運を下げての３４２年が正しい（昔からの石渡説）。１世紀の建国などおこがましく、そもそも御冗談をと言うほどのものなのだが、本書を書きながらその古すぎる理由がようやくわかった。読者もこの流れでおわかりかもしれない。

すなわち、実際の即位年３４２年から建国神話を飾るため、首露王サイド（編史官）は過去へ古代へと「干支六〇年の倍数」を遡行させていった。その折、大祖先で大功労者である蘇馬諟の冊封《さくほう》年（４４年）を意識しないわけがなく、そこにほど近い西暦４２年をまさにこれだと言わんばかりに選択したにちがいないのだ。

なお、追加してさらなる可能性も語るなら、蘇馬諟の即位年がもしも４２年であったのだとすれば、首露王の即位年を４２年にしたことの意味づけとしては実に完璧な理屈が成立する。４４年に漢から冊封されたのなら、二年前のこの４２年に重要な王位のようなものに国内的に即位したという見立てもなかなかリアルではなかろうか？

このどちらかが、たとえば３４２年から干支四運を下げての西暦１０２年に即位年を決めなかった理由である。この年次のあまりの近さを私のファイナルな結論――蘇馬諟の子孫としての秦支廉と、その狗邪韓国の大首長（秦支廉）に由来する首露王（＝崇神天皇）――の一傍証として挙げておきたい。

第4章　邪馬台国の終焉と「日神」の渡来勢力

——海から来たヤマト王権＝「倭国」

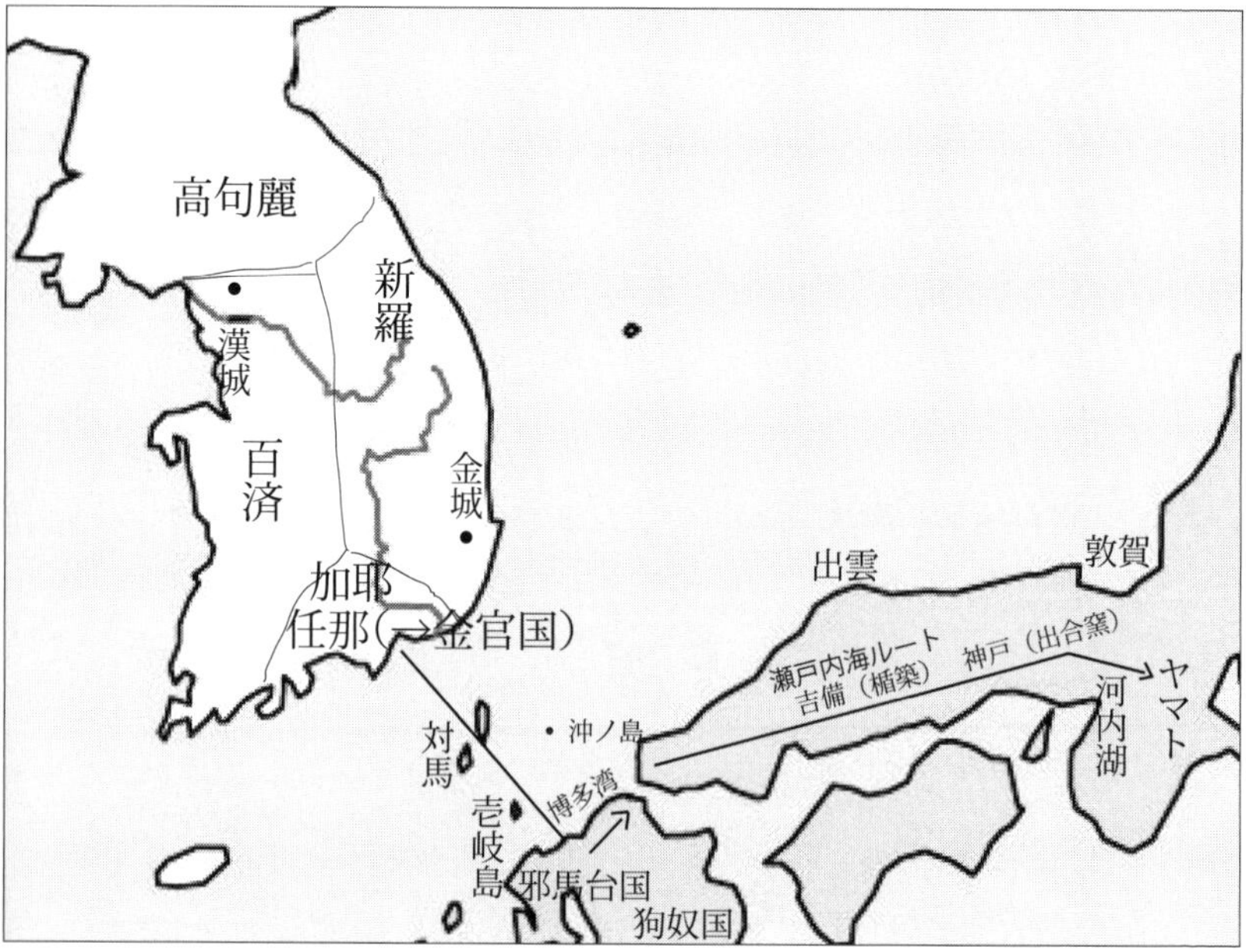

4 世紀以降の任那の渡来・移住ルート（イメージ図）

渡来前夜①――三韓、それぞれの盟主国

第3章では、七曲りの道をくねくね登ってゆくような思考の流れと行論をたどって、長い「前史」を見渡してきたわけだが、複雑怪奇な朝鮮半島情勢の2～3世紀の状況もそれなりに交通整理できたのではないかと思う。

半島南端で3世紀後半から北方系の文化を開化させていた狗邪韓国では、4世紀になってズバリ本体を日本列島にシフトすることを大々的に検討していったに相違ない。それを考えていった主体は、先の秦支廉の末裔、すなわちもともとより倭系たる狗邪韓国の大首長の系譜である。雨や土砂災害は多かろうが温順で食糧事情の良好でありそうな日本列島にいわゆる古代版〝ハビタブルゾーン〟としての居住可能性を夢に見たのかもしれない。このことはとてもロマンティックなことのように見えるが、もちろん実情は政治的で死活問題が背景には横たわっていた。

移住を促す要因の一つは、3世紀の後葉、半島東南の辰韓諸国のなかから斯盧《しろ》国が興隆し、同じく半島南西の馬韓諸国からは伯済《はくさい》国が興隆してきていたこと。狗邪韓国は両強国にはさまれてしまう。斯盧国と伯済国がそれぞれの諸国間の覇権争いで勝者になろうとしていたのである。その証拠として、馬韓も辰韓も3世紀後葉に西晋《せいしん》（265年建国）に何度か朝貢していることから（既述）、その諸国間のなかについに盟主国が生まれつつあったことが予感させられる。それぞれが建国前夜をついに迎えていた。

斯盧国では、実在が確実な奈勿王のその父や祖父世代が斯盧国の興隆を担っていたであろうし、

伯済国では、同じく近肖古王の父や祖父世代が伯済国の興隆を担ったはずである（ここではあえて辰王とからめず、先と異なり、ストライクゾーンをひろげた言い方をしておく）。

もともと弁辰と辰韓はその部族同士が雑居し、衣服も居所も同じで、言語や風俗も似ていたというのだが、「鬼神《きしん》を祭祀するのに差異がある」と『魏志』弁辰条にあるとおり、まったくの同種ではない。また「辰韓人の男女は倭に近く、文身する」とあるようにこの三者の交差《クロス》する関係、あるいは融合関係は複雑である。同時にこの複雑な関係性はその差異からも離反や反発も呼んだはずで、こうした「クロスポイント」こそが次代の任那を――あえて現代的な概念で言えば――ナショナルに形成し、かつそのまた次代を将来する推進力になったのだと考えられる。

中国史書で一応確認してみれば、『魏志』弁辰条では、《弁辰與辰韓雑居》とあるだけで弁辰・辰韓は混ざりあっている状況だったのだが、『後漢書』弁辰条でもその字句《弁辰與辰韓雑居》は反復されるものの、『後漢書』韓伝（馬韓条）における一連の地理の説明で《弁辰在辰韓之南》という部分があり、明確に両国に国境が入り、セパレートされていたことが示されている。「なかった」情報が新規に入れられたという意味で、ここは編著者の勇み足ではなくて私は新情報として受けとめている（知られるように、これは『後漢書』のほうがその名前とは裏腹に『三国志』よりも後代に編纂されているからだ）。

この馬韓の百済、そして辰韓の新羅の両国の発展過程の流れにはさまれながらも、もとより歴史も交易の地力も有する弁辰狗邪国だけに、半島南岸で雌伏して力を蓄え、さらなる国づくりの契機を迎えることとなった。むしろ、弁辰狗邪国が２４６年動乱を踏まえて新生し、それを記念してある時期から「狗邪韓国」と名乗るようになったという筋がふさわしい。そして時代がいっそう下り、首露王が即位した4世紀前葉までには任那（後世に金官国）と名乗ったということであろう。

狗邪韓国そして次代の任那（金官国）の王城は、金海市の大成洞古墳群に隣接した鳳凰《ほうおう》土《ど》城（金海鳳凰台遺跡）ではないかともっぱら伝えられており、この金海エリアから隣の釜山広域市東萊（有力な福泉洞《ふくせんどう》古墳群と熊川貝塚もある）にかけてが金官国の文化圏だ。弁辰時代から考えると、いっそうこの狗邪韓国が拡充し、再編が進んでいった様子がわかる。金海市は今も人口五〇万人以上を抱える大きな地方都市であって、その東には韓国第二の都市・釜山広域市が位置している。その釜山広域市から北の地には、もう間近に斯盧《しろ》国が位置し、やがて新羅として統一国家が形成されるまでに成長する（弁辰諸国にとってその近さは危機そのものである）。

金官国エリア内では、最大の大成洞古墳群（3世紀後半以降～5世紀）だけではなく、その前段の時代が反映された良洞里古墳群（3世紀前半）や、有名な金海貝塚（1～4世紀）、その付近の府院洞遺跡（貝塚／2世紀以降か）など興味深い遺跡群がオンパレードである。とくに金海貝塚では、金海式土器と呼ばれる土器のほか、炭化米、貨泉《かせん》、甕棺、箱式石棺墓、支石墓などの重要な遺物が検出されており、北部九州勢力（倭人）との弥生時代からの深い交流ぶりがうかがわれる。貨泉は王莽時代の青銅貨だから、埋められた時期に恣意性は残すとはいえ、1世紀という大まかな年代決定であればさほどのまちがいはないだろう。これら金海貝塚の昔から、加耶文化圏の盟主は往時の弁辰狗邪国や狗邪韓国だったのであり、246年の争乱以降も、その矜持と蓄えられた力で狗邪韓国は強国への脱皮と新機軸をめざしていた。

渡来前夜②——北の敵対者／南の同胞

狗邪韓国勢力は東西の新興国にはさまれ、いつしか自らも任那へと名前も——そして方針も——変更し、その任那王を中心にして倭へと触手を伸ばすことを策定してゆくことになった。そのもう一つの決定的な外因は、313年の楽浪郡の滅亡である（帯方郡もほどなく滅亡）。この大きな変動の背景には、屈強な高句麗が南下政策を敢行し、いや増しに強大化していったという不穏な事実があった。当時は美川《びせん》王の時代であり、楽浪郡を滅ぼしたあとも高句麗の首都は丸都《がんと》城（集安《しゅうあん》市）に置いたままだったが、この楽浪郡跡地である平壌も重要な拠点となった。いよいよ高句麗が朝鮮半島北部を支配下に置いたわけである（のち高句麗は有名な長寿王時代に平壌に遷都する）。

このあと西晋が滅亡するのは316年であるが、華北の中原におけるこの西晋の衰退、遼東における鮮卑系慕容《ぼよう》氏の進出（319年に遼東占拠）、そしてこの厄介な高句麗の強大化と、半島南部諸国は重なるように時代の荒波を浴びざるをえなかった。海を隔てた倭にとっても高句麗は〝北の敵対者〟へとその相貌をあらわにしていた。大陸・半島は民族的・部族的にも大きく流動しており、楽浪郡・帯方郡の二郡時代から高句麗全盛時代へと、来たるべき情勢の移り行きがやってきていたわけだ。

ここからの本編の〝主人公〟は、金官国（任那）の首露王と、首露王に到達するまでの任那王家（秦支廉の子孫）ということになってゆく。その任那王家サイドのほうからこの事態を眺めてみると、いったいどういう光景が見えていただろうか？　こうした半島情勢を脅かす政治変動がシビアな分、視線を南に転じると意外な事柄がヤポネシア（日本列島）には横たわっていた。

狗邪韓国勢がヤポネシアを気にするのにはわけがある。史書と史書のあいだの記述内容だけでは狗邪韓国が構成される経過はブラックボックスになっているけれど、狗邪韓国の成立以前に半島南端にあった国は弁辰狗邪国や弁辰瀆盧国のほか、南岸の「倭」であった（既述）。このあたりの勢力が結集して成立した国が狗邪韓国であるという私見はすでに論じたところ。歴史地図上の変遷を通時的かつ空間的に見てこれは確実なことであろう。

だからこそ狗邪韓国（プレ任那）内にいるとくに「倭」勢力はつねに列島の倭人たちをも〝南の同胞〟として注視していたはずである。状況は刻々と変化し、事態は半島と同じように進展していた。なによりもそれらの動きとは、辰王と並び称されるほどの卑弥呼が２４６年争乱と時を同じくして死したこと（２４４年～２４８年ぐらい）、それにつづく国内の乱、「卑弥呼宗女」台与による統治でいったんは国も収まったこと、等々である。台与は十三歳とあって、いかにも苦肉の策であり若すぎる統治者である。一番肝要なのは、邪馬台国が退潮していっている姿が半島サイドの眼にもいよいよ明らかになってきたということだ。

もとより倭人たちは弥生時代の昔から、船舶を自在に用いて対馬海峡の南北を往来していた。とくに金印（漢委奴国王）で有名な「奴国《なこく》」のような国が成立する以前、倭韓の「海民」たちは金海市や泗川市あたりを拠点にして、半島南端の物資を列島にもたらし、同時にまた弥生系の文物（倭系遺物）を半島にももたらしていたものである。そこでは「金海―対馬―壱岐―玄界灘沿岸」というルートがイメージしやすいだろう。とかく文化の影響は「でかい」創作物に出やすいものだ。支石墓、箱式石棺や甕棺墓のような当時の墓制や墓そのものは半島由来のものであって、これらが列島の北部九州に根づいていった。これらの出土遺物が半島由来であることを否定する論者はよもや「ヤマト派」にだっていないはず。

時がすぎ、3〜4世紀の金海・釜山地域には、弥生系土器や土師器系土器が数多く発掘され、倭人の集団がこの地に集住し生活していたことを裏づけてもいる。よく言えば、倭韓（倭弁）の蜜月状態を示しており、わかりやすい証拠として巴形銅器（倭系と言われる）が大成洞古墳群のなかの王陵クラスでも見つかっていることなどが挙げられる。通常、この倭人集団は弁辰エリアの鉄資源を半島南部に求めた人びとであると見なすことができ、背景には、弁辰との友好関係はもちろんのこと半島南岸の「倭」が列島の倭人たちを導いたという事態があるだろう。ただそもそもこう「倭韓（倭弁）」とも呼称したくなる倭と狗邪韓国の関係については、司馬遼太郎が両者は「同種」だとはっきり語っているように、海の倭人たちは対馬海峡の南北にそれぞれ相即し陥入しあっている状況が推察できる。

実は、渡来王朝を担った人びとの移住は、旧来の石渡説に沿って私は今でも4世紀がメインであると考えてはいるけれど、上記したような墓制や青銅器の出現時期を考察して、はや西暦紀元の前後には王侯レヴェルが政治的意図（野心）を伴って渡来してきたと唱える説もある（たとえば山崎仁礼男《にれお》説『新・騎馬民族征服王朝説』）。

もちろん、この紀元前にも西暦紀元をまたいだ1世紀代にも、大きな渡来の動きは何度でも波状的にあった。問題は、そうした早い時期の渡来状況において王族がいたか、政治的な意図があったか——ということであろう。私にとってその答えはノーであり、王族レヴェルがやってきたのは、まだそんなに早い時期ではなく、あくまでそれはこの4世紀がはじめてだ、と言いたいのである。

スンダランドからの渡来集団も——何度か起こっている「瀬戸内海ルート」の東進

この章ではこのあと渡来勢力が北部九州に上陸して移住・定住を進めていったありようを説いてゆくつもりなのだが、その前に、この問題を語る際には心理的な抵抗や違和感がわれわれ「日本人」の胸の内にはたらくことがどうしても多いのも事実なので、「頭の体操」として、改めて列島への移住行為そのものについて振り返ってみたい。

この4世紀における「朝鮮半島〜北部九州〜瀬戸内海〜大阪〜畿内（ヤマト）ルート」を通過した進出（侵攻）過程に対しては、具体的な説明を聞く前から、「異論」として避けようとする向き（読み手）もあるだろう。別にそういう人たちを私たちは保守派としてしりぞける気はなく、ただこう言ってみたいのである。

〈ヤポネシアにはこうした瀬戸内海沿岸ルートで東進した人たちがたとえば縄文末期にもいたのだよ。それが弥生系渡来者なのだ〉と。

そもそも、いわゆる「スンダランド」（マレー半島東岸からインドシナ半島あたりの海域にあった巨大な「旧大陸」のことで、ボルネオもインドネシアも一つのまとまった陸地だった）を遠い母国とする昔の縄文人集団は、旧石器時代のうちにすでに日本列島にやってきていた（彼らの集団すべてがこの瀬戸内海ルートに由来するのではなく、北方ルートもあったのは当然であるとしても）。それに次ぐ形でだいぶ時代は下るけれど、長江流域（江南地方）を経由してやってきた海洋民系倭人集団もいた。この海洋民系倭人のなかには、長江流域をさらに北上し、華北を経て北方系と混血・融合しいっそう大陸人化してから半島経由で列島に渡来してきた勢力も相当多いはずだ。

こうした人類の移動経過という大きな枠組みのなかで渡来を考えてゆく視点は、現在でも中沢新一が追究しているけれど、それが今や第1章で見たようにDNA研究のほうでもずいぶんと裏づけがなされてきていて、ますます今後もこうした見方が一般化してゆく様相が幸いにも見えてきた。一にも二にも何を強調したいかというと、民族・部族の移動経過として、大集団がすでに二度三度とやりおおせている「行為」が、この瀬戸内海ルートの東進なのである。

スンダランドを経由した渡来集団のなかには、半農半漁の生活技術を持ち、海民的な要素も水稲耕作の技術もともに備えた倭人たちもいた。近年はこのイネ――ジャポニカ米――の源流がこの東南アジアだということもDNA研究で明らかになってきているほどだ。海民たちは対馬や壱岐などを自在に往来するほか、大陸を北進して朝鮮半島にも居地を有していた。だから〝倭〟や〝倭人〟の名が中国の古記録にちょくちょく登場するのも当然のことなのである。繰り返すようだが『魏志』では「韓は帯方の南にあり、東西は海をもって限りとなし、南は倭と接す」とあり、虚心に読むかぎり半島南部には地続きに倭人の領域があったという説明にならざるをえない。この半島南岸にあった倭人社会は北部九州と密に連携をつづけていたばかりではなく、半島側の倭勢力のほうこそが〝本体〟だった。

たとえば中沢の語るようなこうした古代史観については石渡信一郎は特別に言及してはいない

が、私が見るところ両者には対馬ルートを経由する太陽信仰（対馬神道）などについての論述にも通底するところが多い。中沢は、日本列島と日本海を逆さにした地図（いわゆる「逆さ地図」）を自分に紹介してくれた叔父・網野善彦のことも別途語っているけれど、歴史や民族を学ぶ者で、ユーラシア大陸側から見たあの日本海をはさんだ日本列島の精妙な弓形の美しさ（弧状列島）に心を打たれない者はおよそいないだろう。とくにクローズアップしたままで見ると、半島と日本海と列島が前後に横たわる姿がまるで宝島の地図のようで、ひときわロマンと冒険心をそそってくる。あの網野＝中沢が心魅せられた地図には、日本人の祖先たちがたどったルートさえ透かし見えているのである。

また弥生・古墳両時代において「南朝鮮人」（長身、短頭の体質を持つ）が畿内に直接的に大量渡来した事実を、小浜基次、埴原和郎、金関丈夫、池田次郎ら斯界《しかい》における碩学《せきがく》たちが７０年代以降語ってきており、石渡もその主張を有効に援用してきた。惜しむらくはそのわりには一般への浸透度が薄いのであるけれど。背が低く長頭（上から頭を見て前後に長い）であった在地の縄文系の人びととは明らかに異なる、長身で短頭（上から見て頭が丸く短い）の形質の人びとが本州中央部にもやってきていたのである。

たとえばそれについて解剖学者であり人類学者の金関丈夫は、

　　畿内人と朝鮮人の間よりも、畿内人と北陸人との間の方が差が大きい。（…中略…）それほど朝鮮式の体質を畿内人がもっているということは、弥生の後期から古墳時代以来朝鮮人が歴史に伝えられている以外にたくさんはいったであろうという結論に、学会でも今なりつつあります。

と語る（『日本民族の起源』）。

自然人類学者の埴原和郎は、

短頭にみられるような同心円状の地方差は、古墳時代以降の渡来者が直接近畿地方に達して、ここに住みついたことを物語っているのではないかと思います。

とこれまたはっきりと語っている（『（増補版）日本人の起源』編著）。

しかしながら、こうした人類学的・解剖学的な見解を現在の古代史学・考古学はほとんどまっとうに受容することも利用することもできていない。これは断じて奇妙なことである。これだけ大量の南朝鮮人が渡来していることは政治的な社会増と考えるのが常識的で穏当であり、それこそ音頭を取った渡来系王朝がトップに存在していたというなによりの証左のはずなのである。

学界が二の足を踏んでいるところに加え、昨今の風潮の一部としても、中国や韓国、北朝鮮を政治的に嫌悪する「気分」のあまり、こうした科学的な事実さえまるでなかったことのように無視されてしまう傾向もあるし、一般の受け取る側もどこか思考が停止していて、大本営発表を待つような具合に「ヤマト」史観の攻勢を甘受し、受け身になりすぎているようにも感じる。ただ幸いなことに、このヤマト史観への健全な反発・抵抗も一定以上見受けることができる。

このことは、二、三〇年、自分も一読者、一編集者、一学徒として声をあげえなかったことを反省の意味もこめて顧みる次第である。人類がアフリカで誕生したかぎり「西」から日本列島にやってきた「渡来」集団が、歴史上ここに、ヤポネシアにいたことは否定しようがないのだ。

そんな各種の渡来説という「正論」から遠く離れ、「ヤマト中心主義」がなにげなく再生産され定着してしまうことを危惧する思いが私たちにはある。われわれは再度「曇りなき眼《まなこ》」（『もののけ姫』）で新時代の古代史と向きあい、この「純系」とはとても言えぬ日本列島において、複雑に展開されてきた王権と民族の「カオス構造」（中沢新一）を理解しなければならないのだ。

邪馬台国の落日――〝空白期〟の意味と九州説の強み

さて、西暦２６６年から４１３年までのあいだ、日本（倭）についての記事が中国史書に登場しないことは古代史ファンにはつとに知られているだろう。ゆえにこの一五〇年ものあいだの空白期について「謎の４世紀」とか「空白の４世紀」と呼ばれている。

その空白期の両端を一応確認しておくと、『日本書紀』神功紀には晋『起居注』を引用する形で、《倭女王（＝台与）》が西晋に遣使した記録が残っており（《晋武帝泰初二年、晋起居注云、武帝泰初二年十月、倭女王遣重訳貢献》）、それは『晋書』でも《泰始初、遣使重訳入貢》とあって、すなわち泰始の初めごろ（＝２６６年）倭が遣使し入貢したことが裏書きされている。これは、魏の最期を支配していた司馬氏の司馬炎が２６５年に新しく西晋を建国したことを受け、倭としても慶賀の使節を送ることを考えたわけである。

では空白が終わる５世紀のほうはと言うと、４１３年に倭は東晋に朝貢している記録が残っており、なんらかの理由で中国南朝との通交を再開したことがうかがわれる。中国の史書に倭の記録が長期間なかったと書いたが、知られるように高句麗の広開土王碑文には、倭が高句麗の広開土王と戦って敗北を喫したことが記されている（とくに４００年、４０４年）。そのため国内に不穏な空気が瀰漫していたのは想像にかたくなく、局面打開の新戦略として、東晋と友好的な百済を仲立ちにしつつ遣使をおこなったものと考えればよいだろう。この時の百済王は余映（腆支王／直支王）がすでに即位しているが、余映は３９７年に王子（太子）として倭に渡っており、変わらず百済は倭とは昵懇《じっこん》で友好関係がつづいていた。

ちなみに論者によっては４１３年よりも４２１年に讃が宋に遣使した、という記事と年度のほうが重視される場合も（これも４２０年の宋建国を受けていて、倭の国際情勢への嗅覚は当時鋭い）。

以上が、空白期の両端ということになるが、重要なのはむろん２６６年以降に何が倭に起こっていたか？――という謎のほうである。十三歳だったという台与以降は、邪馬台国は歴史からフェイドアウトしてゆくことになった。台与は数十年の政権を築いたのか、それとも若すぎるゆえに「ポスト台与」の権力闘争に巻きこまれていったのか？　こうしたことを考えるのはとくに邪馬台国九州説の立場に私たちが立っているからであり、ここが畿内説の立場になると、もともとあった邪馬台国（纏向遺跡など）の延長線上にヤマト王権（崇神王朝）が成立するという見立てになるため、考え方がだいぶ異なってくる。

さて、私が畿内説はまちがっていると常づね考えている理由の一つは、邪馬台国がそのまま変容してヤマト王権になったのなら、倭の歴史書（『古事記』『日本書紀』）においてもポスト台与の状況はじめそのことを普通に記せばいいということなのだし、なによりも266年以降の3世紀後半から5世紀にかけての空白期が「長すぎる」ということなのである。このことは、寺沢薫の独自の新概念である畿内説の二つのパターン、いわゆる「継続・一系説」（「ヤマト中心主義」そのもの）であっても、「断絶・新生説」（こちらを寺沢は採用）であっても、同じことである。

しかし、邪馬台国のシステムが終焉し（終焉させられ）、そこから渡来系の新王権が成立するまでの長い「時間」が、この空白期そのものだと考えるのならば、この長さも決して奇妙なそれではないはずなのだ。中国史書に登場しなくなった事実は重く、邪馬台国がさらに興隆（もしくはヤマト王権へと変容）したという事実とつながることはまずあるまい。記録も途切れるほどに倭からの遣使朝貢なども遠のいていた。すなわち「邪馬台国の落日」ははっきり眼にもさやかである。

この退潮していっている倭の同族たちの国の姿は半島サイドの金官勢力（狗邪韓国＝プレ任那）にはどう見えていたか？　西晋は成立したものの、それでも中原《ちゅうげん》は安定を欠いていた。246年の大乱以降不透明だった半島情勢はようやく3世紀の後葉に落ち着いてきたとはいっても、半島北部での高句麗の動き、遼東でひしめいている慕容氏ら諸勢力の動きと、4世紀の新時代はどうしようもなく波乱含みだったのである。

以上、第4章で語ってきた渡来の要件を簡略にまとめると、

①伯済国・斯盧国の「古代国家」への成立過程に押されたこと
②高句麗の強大化と西晋の滅亡（大陸情勢の不穏さ）
③邪馬台国の弱体化

――がすぐに挙げられる。そのほかにも、④大陸の寒冷化、⑤ヤポネシアの豊かさ、などなどが渡来を決断させせた複数の理由・契機として挙げられるだろう。

両者は関連するわけだが、④に関して言うと、古代も時代ごとに寒暖差が激しかったことが知られており（縄文海進、弥生小海進などの高海面期が有名）、とくにこの3世紀後半から古墳時代前期にかけては東アジアではひときわ気候が寒冷化していたのである。このことは各種の理化学的なデータを踏まえて石渡がはや言及している（リビー、吉野正敏、坂口豊、安田嘉憲などなど各種研究）。冷たい大陸の大地とくらべれば多湿だが温暖な日本列島には可能性が満ちている。⑤に関しては、『魏略』で辰韓の右渠帥が《聞楽浪土地美、人民饒楽》として楽浪郡をめざす説話が出ているけれど、この楽浪の字をそのまま倭に置き換えれば、（倭は）土地が肥えていて美しく、（倭の）人民の生活が豊かで楽しいと聞き、（倭に）《欲来降》したと捉えることもできる。

渡来勢力の「力」――「鉄製武器民族」王としての崇神天皇

私はここまで渡来「前夜」と書いてはきてみたが、要するにこれはレトリックであって、再三述べてきたようにもともと「倭・倭人」は朝鮮半島南岸にもいたことが明らかである。多くの渡来勢力が第何次かというくらいに集団で波状的に来倭しているわけである。対馬海峡を通った往来は弥生時代からたいへん活発であった。

そうした人と物資の流れは十分にありながらも、首露王即位の前段階あたりから、狗邪韓国の首長層（のちの王家）はいよいよ本腰を入れてヤポネシアに渡来する準備を開始していった。すでにならされている交流の土台がある分、この渡来は江上波夫が説いたような「騎馬民族」による列島征服とはだいぶイメージが異なるものだ。

たとえば3世紀の後半から4世紀にかけて半島南部にもずいぶん馬具は流通してきていたとはいえ、まだまだ重装騎兵たちの進軍という絵面《えづら》を想起させるようなものではなかった。その点、高句麗のように元来が騎馬文化を有する古代国家のほうが武装化が進み、その騎兵ぶりが壁画などに見えている。それでも武器においては加耶自体が鉄素材の供給源を擁しているため、鉄製武具、鉄製甲冑《かっちゅう》の力は圧倒的で、4世紀の列島の比ではなかった。さらには武具としての甲冑の存在もある。早くも半島南部では中国や北方系の影響を受けて、シンプルな「短甲《たんこう》」を導入済みであった（金海でも代表的な縦長板釘結板甲＝堅矧板《たてはぎ》　鋲　留《びょうどめ》短甲が出土している）。こうしたものの影響関係を経て、4世紀中後期になってようやく列島でも短甲が製作されてゆくことになる。甲冑姿の武人が集団で列をなしてやってきた時の威力とそれに対する倭の在地の人びとの恐怖は、現代人にとっても想像にかたくない。短甲が加耶でのみ集中的に出土するものであることも、倭と加耶の融合ぶりを想起させるものだ。こうした攻撃力と防御力はたとえ少数精鋭であったとしても相手を圧倒し怯えさせるのには十分だったはずである。したがって、「騎馬民族」が倭にやってきたというより、「鉄製武器民族」がやってきたというほうが事態をイメージしやすいだろう。標語としても私はこちらを推したいところなのだ。

狗邪韓国の大首長・秦支廉の後裔がやがて王家（後づけで「金氏」）となり、そこから首露王につながっていったという説を第3章で私は説いた。首露王の父や祖父の世代が渡来・移住の計画を準備し、実働部隊が4世紀になって動き出したと私は見ている。この首露王こそがのちに倭王となり、崇神天皇という漢風諡号をのちに冠された大王（天皇）となる。首露＝崇神の一派（その親世代も含め）は、倭に本拠を移す前後に、母国の狗邪韓国を「任那」という名に改め、宗主国としてそのまま残した。任那と倭による「倭韓連合王国」（江上―石渡）という「国のかたち」がそこでこの時代に見えてくる。

この「渡来王としての崇神天皇」という観点について、たとえば松岡正剛は、《任那あたりから崇神らしき大王の一派がやってきたという仮説は、いまなお否定されきってはいない》と崇神の名を出してわざわざ述べているように（「松岡正剛の千夜千冊」1491夜『古代の日本と加耶』）、この「任那王としての崇神天皇」仮説をまさに生きているのが石渡信一郎の学説である。松岡正剛のこの「否定されきってはいない」という言葉が意味するものとは何だろうかと改めて考えてみるなら、ヤマト中心部と半島南部との共通項があまりにも多い点が挙げられるだろう。

たとえば、『書紀』崇神紀には、前期前方後円墳の代表格である箸墓古墳（奈良県桜井市）の伝承をはじめ、この地・纏向（大田）の出来事がよく描かれているのだが、その記事内容からも「畿内（箸墓）と崇神朝」は本来ワンセットになっているものである。わざわざその両者を引きはがして、北部九州と崇神を結びつけたり（江上説）、畿内ヤマトと邪馬台国を結びつけたり（邪馬台国畿内説のもろもろ）するのでは、理論倒れになってしまう。

至極あっさりと、「纏向遺跡（箸墓）＝崇神天皇三代の都」と等置するだけで、ことは済む。考古学と文献史学のすりあわせや総合判断が不十分だったゆえか、ゴリ押し気味に畿内に邪馬台国を持ってこようとする不自然さゆえに、現状、事態があまりにもこんがらがっているのである。

邪馬台国の最期――北部九州の制圧と「新邪馬台国」の新体制

任那王の勢力が半島から畿内へと達するためには、当然ながら北部九州という第一関門がまずある。任那から４世紀に渡来した崇神らの勢力は、北部九州で当時の倭――女王が都とする「邪馬台国」（「女王国」）――と遭遇せざるをえない。石渡も邪馬台国九州説を採り、「邪馬台国＝吉野ヶ里遺跡」としている。『魏志』によれば２４０年代後半の卑弥呼の死後、倭国内は混乱と戦の状態にあったが、卑弥呼の宗女である台与を立てることで、なんとか安定を取り戻したという。しかし狗奴国（おそらく熊本あたり）との争いで相当に疲弊していた国の危機は倭人伝にもすでにうかがえる。新女王・台与による西晋への遣使以降、この邪馬台国の外的記録はついぞなくなってしまう。その後の邪馬台国は弱体化していっただろうが、『魏志』『晋書』その他には滅亡したとも何とも記されてはいない。

そして、最新の鉄製武具を有する任那系渡来勢力は、4世紀の前半には、このピークをとうに過ぎていた邪馬台国に打撃を与え、一挙に北部九州のクニグニを制圧・占領したと思われる。もともと文化的に近接していた同種属であり、北部九州の倭人たちとの前もっての示しあわせや調略もあったはずなので、大量の犠牲者が出るような大きな戦闘行為が繰り広げられたということはなかったと私は考えている。もちろん数多くの蜂起や局地戦は沸き起こったであろうが。

ここで邪馬台国は「滅びた」という言い方をしてもよいわけだが、「新邪馬台国」という有効な概念を石渡はうまくここで残している。任那勢力からすると、西晋に朝貢までしている邪馬台国を占拠して知らん顔はできぬというこれは意味で、政治中枢を任那勢力の官僚たちに占めさせた上で、新邪馬台国の〝新体制〟を発足させたというのだ。いわば《特別自治区》(石渡)にし、使える統治システムは使いながら、倭の維持・管理に努めたというわけだ。そうしておいて、以後、東遷(東進)し、西日本から畿内へと向け瀬戸内海ルートを進出したという絵図を、石渡は描いてみせたのである。

従来、「邪馬台国東遷説」や「北部九州東遷説」という考え方があったけれど、石渡のこの考え方は「新邪馬台国東遷説」とあえて命名されてもよいだろう。旧邪馬台国のほうは配下に押さえさせつつ、任那勢力自体は東進をつづけ、かつての邪馬台国の版図にもまだなっていない西日本各地を領国として取りこんでいった。

たとえば邪馬台国の王都とされる吉野ヶ里遺跡では、弥生時代の終焉期に環濠集落が埋没しているのがわかっている。吉野ヶ里の外環濠は180年代に卑弥呼の下命で掘削されはじめ大環濠集落が完成したと石渡は見通していたものだが、ここでは明らかな外的集団による破壊行為があったことがうかがわれる。

また「前方後方墳」（ＳＴ２２００など）が少なくとも三基造営されていることが特筆される（四基とも）。石渡はこの前方後方墳を、旧邪馬台国を支配するために渡来勢力が置いた現地首長層の墓と見ている（『新訂　邪馬台国の都　吉野ヶ里遺跡』）。

微妙な差異だが任那勢力が邪馬台国を完全に打ち滅ぼしたのではなく、制圧したという観点が新鮮である。そもそも占領軍というものは、征服地にそのすぐ翌日から自らの新王朝を名乗らせるというほどのものでもないだろうからである。この観点は現実的な把握の仕方だ。たとえば北部九州の弥生期には副葬品の「三点セット」（鏡・玉・剣）が墳墓（甕棺）からよく出土するのだが、これがこののち４世紀の畿内においても引きつづき同スタイルで出土する。となれば、まるで〝北部九州じるし（邪馬台国じるし）〟のようなこの三点セットの副葬は一つの「国のかたち」＝スタイルが継続されたものと解釈しうる。だから「新邪馬台国になった」という概念が実効性を持つのである。さらに、この弥生終末期には「破砕鏡」と呼ばれる破損された銅鏡が北部九州（福岡県、佐賀県）に限定されて出土しており、次代の庄内式期（まさに弥生時代と古墳時代のあわいの時期に製作された土師器が出土する）になると、近畿など他の西日本にもこの破砕鏡の分布が拡大されてゆくこともわかっている（柳田康雄説）。これらのことは、新勢力が北部九州からさらに東進し、邪馬台国ほかその他の国内勢力の精神文化のような神器を破壊していったことの裏づけと見ることができるわけだ。

考古学的な遺物を見ると、たとえば制圧の端緒となった北部九州では、4世紀の遺構や遺物として、西新町遺跡（福岡市早良区）の造りつけカマドやオンドルのほか大量の加耶土器、久原滝ヶ下遺跡（宗像市）の最古クラスの鉄斧、在自下ノ原遺跡《あらじしものはら》（福津市）の陶質土器などなどが検出されている。造りつけカマドは任那のお膝元・金海の府院洞遺跡にも見つかっているように、典型的な半島南部に由来する遺構である。

それらの遺跡は半島人が来倭し居住を進めた跡地そのものとなっている。当時の倭には加耶のように充実した鉄（製鉄、鍛冶）技術や製陶技術はまだなく、渡来勢力は新しい拠点にこうした新技術の痕跡を残しつつ、在地と交流しながらもさらなる東の地、本州をめざしていったのだろう。こうした新文化の担い手たちを在地の勢力がどう迎えたのか？　決して敵対的に見ていただけではないのではないかと私は考えているわけだ。先述したとおり、そこには思いのほか戦闘行為は少なかった可能性だってありうる。

北部九州に残る地名として可也山《かやさん》、芥屋《けや》、唐泊《からどまり》などが、岡山県吉備地方にもたとえば総社市のあたりは「賀夜郡」と呼ばれており、半島からの渡来勢力が足跡を残すばかりかその後も地域交流し、定住していった様子がうかがわれる。この瀬戸内海ルート上にカラ・カヤ名が多く見つかるのもこの加羅系の任那勢力の跡を見る材料である。

なお、この北部九州から東進した勢力、すなわち加耶系渡来集団の「第一世代」について、石渡は「崇神天皇の父世代」ではないかという可能性をも示した。私もこれに同意する。崇神天皇本人の発意と行動ではじめて決められ動いたわけではなく、親世代以前からの念願として倭に飛躍の地を求めたのだ。そういう解釈のほうがたしかにリアルである。

吉備経由で「ヤマト」（三輪山西麓）へ――４世紀の鉄製武器集団の足跡

４世紀の前半に列島をめざした任那勢力（崇神天皇の親世代を含む）は、こうして邪馬台国を政治的・軍事的に制圧して取りこんだ。渡来者、来住者たちもそれにつれてさぞ増加したことだろう。九州に渡来勢力の足跡を残しつつも、九州から本州へと本隊は瀬戸内海ルートをさらに東進してゆく。新邪馬台国として新王権を握った渡来勢力は４世紀の半ばには吉備《きび》路（岡山県倉敷市）をも制し、そこを一拠点としながら次いでいよいよ畿内をめざした。そして、ついには纏向の地に崇神天皇（第二世代）がたどり着いた――というわけである。

ここでは「ヤマト」（三輪山西麓）へ向かう前の前線基地となった吉備を中心に確認してみよう。瀬戸内海ルート上の吉備地方では、第一に楯築《たてつき》墳丘墓が重要である。楯築墳丘墓では、埋葬施設としてやはり最初期の木槨墓が使用されているが、この楯築墳丘墓も金海市の大成洞２９号墳（著名な王陵もしくは首長墓）や良洞里２３５号墳などの技術に由来する渡来系墓制であると考えられている。そして、楯築墳丘墓にある奇妙なほどの巨石柱群や「亀石」には、金海市の亀旨峰《クジボン》（きしほう／首露王の生まれ落ちた降臨伝説があるところ）の名前（「亀」）とその頂上にある立石との類同性をたしかに想起させるのだ。

なお、楯築墳丘墓をその名前どおり２００年代前半の単なる「弥生墳丘墓」とする見解が一部あるが、完全に年代のミスマッチであり、これぞヤマト中心史観の端的なあらわれであって、「箸墓

250年築造説」に合わせるために姑息な〝逆算〟をしているにすぎない。現在の考古学が迷走している数合わせの典型例であると問題提起しておきたい（箸墓はどうあっても4世紀後半以降の築造だ）。木槨墓の本拠たる大成洞古墳よりも築造時期が早いなどと本気で考えることが、そもそもとも思考なのだろうか？　石渡は、楯築墳丘墓をごく穏当に4世紀前半～中葉のものと見ている。

吉備地方には、この楯築墳丘墓（だから本当は「楯築古墳」）以外にも、隣接した女男岩《みょうといわ》遺跡（倉敷市　家形埴輪が有名）や、吉備最古の前方後円墳（バチ形）と言われる浦間茶臼山古墳（岡山市）、黒宮大塚古墳（倉敷市）、金蔵山《かなくらやま》古墳（岡山市）、備前車塚古墳（岡山市）などの4世紀の古墳が目白押しで、これらは端境期の遺跡と目されている。

浦間茶臼山古墳には円筒埴輪があり、箸墓と同設計でその大きさが箸墓の二分の一というところが意味深長である。時期は箸墓より後であり、ヤマトとの密な関係性がうかがわれる。黒宮大塚古墳は弥生末から古墳時代初期のものとされ、末期の弥生土器のほか、特殊器台や竪穴式石室と割竹形木棺が発見されている。最古の前方後方墳で前方部がバチ形で古いと目される備前車塚古墳も竪穴式石室を有し、三角縁神獣鏡も多く出土している。その近くの都月坂1号墳からは、箸墓から出土した特殊器台と形状の類似したものも出ており、吉備と纏向を結びつける材料にはこと欠かない。

現在の赤磐《あかいわ》市にある石上布都《いそのかみふつ》魂《みたま》神社は、スサノヲの「十拳剣《とつかのつるぎ》」（ヤマタノオロチ退治に使用した剣）が収蔵されていたところとされ、のちに剣は石上神宮（天理市）に移動された。石渡説では、石上神宮と関係の深いあの物部氏を、尾張《おわり》連《むらじ》氏や大伴氏ともども加耶系渡来勢力の担い手として捕捉しており、その点でも鉄製武器集団と当時の「吉備～ヤマト勢力」とさらには物部氏（や尾張連氏）

とのあいだに有機的なつながりが透かし見える。崇神王朝と支族である物部氏・尾張連氏らとの関連性は大事な観点なので、のちに軽くまとめるつもりだ。

山陽地方の東には、神戸市の出合《であい》遺跡窯（４世紀の最古のプレ須恵器窯）など重要な遺跡が目白押しである。この出合遺跡の窯跡で見つかる土器は、忠清道の瓦質土器（４世紀後半）との類似性が指摘されており、半島色も強い。須恵器成立以前の時期のものと見る向きもある（酒井清治「倭における須恵器生産とその背景」など）。もはや須恵器自体が渡来系であることを否定する研究者はおらず、須恵器自体は定義上も倭で確立され定型化された技術である。瓦質土器も初期須恵器も渡来勢力からの影響や協業などを探る上で興味深い。

ちなみに三韓時代の加耶土器は、ろくろや窯による「**陶質土器**」（灰色、還元炎焼成《かんげんえんしょうせい》で、一〇〇〇度以上の焼成温度にもなり、のち須恵器へつながる）と「**軟質土器**」（赤褐色、酸化炎焼成で、日本における素焼きの土師器へ）が主たる二種であり、上記の「瓦質土器」を入れれば三種とされる（瓦質土器に関しては、窖窯《あながま》での焼成温度が１０００度未満と陶質土器ほどは高くないのが特徴）。▲注

大雑把に言えば弥生土器に軟質土器の影響が加わり、さらに土師器が生まれていったと言えるだろう。いわゆる「初現期」の窯跡を見ると、「朝鮮半島～畿内」というこの瀬戸内海ルート上にそれらが近接している点を酒井清治は同論文で語っている。すなわち渡来勢力が通った地図上の痕跡にそのまま窯跡もスポット（点綴）できるというわけだ。

窯のほか、古代生活資料たる造りつけの初期カマドなども山陽地域には多く発見されている。住居に造りつけるカマドは北部九州にもあることを紹介したが、典型的な渡来系インポートものであ

る。吉備を代表する巨大古墳・造山古墳の近くにある窪木薬師遺跡には、初期カマドが造りつけられた住居が見つかっており、加耶系の軟質土器とともに、釜山広域市福泉洞古墳（21、22号墳）出土物と類似した鉄艇や鉄器（鉄のやじりなど）なども出土している。

また「真金《まかね》吹く吉備の中山」と枕詞《まくらことば》まであるこの吉備路は、鉄産地である加耶地域からの渡来者の足跡の色濃いエリアであることも否定しようがない。それらの遺跡群の築造年代も、加耶系渡来集団が畿内に到達する時期を石渡は4世紀半ばと見ているので、ぴったりと整合する。

終着点「ヤマト」に到る前にはこのように吉備での前線基地の設置が役立った。これで「吉備経由で〝ヤマト〟へ征く」という準備ができたのである。

▲注……金官加耶出土の瓦質土器や軟質土器の多数には、列島で花開く土師器（庄内式期の後半から布留式期）に先行する「短頸壺」の典型的な形状やシルエットがすでにあらわであり、弁辰韓系の土器がデザイン面で土師器の源流＝「元ネタ」になっているのはまずまちがいないであろう。いわんや半島の陶質土器が、4世紀の列島の須恵器を導いたことも言をまたない。

墓制と土器——加耶の古墳文化とヤマトの前期古墳文化の類似

新勢力（新邪馬台国）は吉備からさらに東をめざし、ついに畿内の「ヤマト」（三輪山西麓、纏向《まきむく》）に到った。知られるように当時の大阪平野（河内平野）は内湾状態であったから（河内湖）、必然的に新勢力は踏みしめるべき大地を求めて内陸のヤマト方面に向かい、そこに王都を築くことになった。

在地系と異なった新勢力が東進すれば、「国のかたち」が畿内ヤマト（4世紀後半）で前代と異なってくるのは当然であり、任那勢力（半島南部）の文化と畿内ヤマトの文化が一致してこなければならない。この「畿内と崇神王朝」の前提として「畿内と渡来勢力」の結びつきを考えてみよう。

ヤマトの纏向古墳群の遺跡は「古墳時代前期」の古墳を含み、典型的に竪穴式石室（竪穴式石槨）や木槨墓《もっかくぼ》が用いられているのだが、崇神の母国と見なされる狗邪韓国でも、実際にこの竪穴式石室（木槨墓）が盛行していた。すなわち加耶の墓制が直接的に倭にも採用されつづけたという影響関係を見ることができる（前出の楯築墳丘墓も木槨墓）。墓や墓制は知識（レシピ）を持ち帰ってすぐに再現するというわけにはゆかぬため、まさに「生きたサンプル」としての築造者本人たちの知識と技術力が必須である。有識の渡来者たちが現にその場にいて、土木技術を発揮することが前提である。

石渡は『百済から渡来した応神天皇』で、大成洞古墳群における木槨墓（大成洞２９号）が半島における最初の「古墳の発生」ではないかという説（申敬澈）を推しており、その年代を4世紀前半と見積もっている。韓国考古学界では、この２９号墳を3世紀後半と見ているようだが、そのように古くされたとしてもある意味で好都合だ。その3世紀後半になって出現した木槨墓が加耶で熟成され、その技術を伴った勢力が満を持して倭にやってきたという流れはそのまま追えるからだ。

また古墳や墓制の代表的な類似例として、箸墓の近くに位置し、箸墓よりも一段階前の築造時期であるとされるホケノ山古墳がある。前方後円墳に先行する「纏向型前方後円墳」（前方部が短く帆立貝形）と目され、埋葬施設は朝鮮半島系の「石囲い木槨墓」である。この纏向古墳群のなかで最古と見なされる纏向石塚古墳（纏向型前方後円墳）にもやはりこの竪穴式石室が備わっていて、畿内にある典型的な前期古墳の様相を呈している。

石渡はこう書いている。《墓に槨《かく》（木・石などで作られた棺を入れるための部屋）をつくるという埋葬のしきたりでは、北部九州の弥生文化と近畿地方の前期古墳文化も連続していないのである。》と。すなわち、《近畿地方の前期古墳文化》に「連続しているもの」をもし探すのなら、それは半島南部の竪穴式石室や木槨墓といった墓制にほかならない。だからこそ北部九州からの「東遷《とうせん》説（邪馬台国もしくは別の北部九州勢力による）」は根本的に成立しようがないのである。

そもそも『魏志』倭人伝では邪馬台国の墓を「有棺無槨」と明記されているとおり、「邪馬台国畿内説」の中心とくに奈良盆地では竪穴式石室ばかりが検出され、『魏志』倭人伝に合致するわけもない。ヤマト派の論客たちはこの『魏志』の証言を完全に無視しているわけである。

念のため言うなら、この「畿内と崇神王朝」の結びつきについては、肯定的に評価している学者・研究者たちは多い。もちろん「畿内説」論者のなかの急進派は、箸墓を卑弥呼の墓と直結させることに躍起になっており論外だが、同じ畿内説を採る研究者でも、ヤマト中心史観に異議を唱えるほど篤実な研究者もいる。

桜井市纏向学研究センター所長の寺沢薫は畿内説派（畿内論者）ではあるが、それでもたとえば纏向遺跡を《ヤマト王権の最初の都宮が所在した地ではないか》という面もきちんと特筆しており、三輪山西麓のこの纏向の地と「崇神（第十代）―垂仁（第十一代）―景行（第十二代）」の三代にわたる天皇たちとの強い関連を示唆している（『王権誕生』）。実在の疑わしい初代から九代の天皇はあえて除外されているのはもちろんだ。この考え方は森浩一にも近く、まさに穏当なものである。もっとも、あくまで畿内説を肯定する場合、いろいろ困った問題点が浮上してくるわけであり、石渡も本書も当然ながら邪馬台国九州説をベースに一つのセオリーを組み立てたわけである。

この「畿内と崇神王朝（渡来勢力）」の結びつきに関してダメ押しだと私が考えている遺物もある。たとえば、人類学者のほうから畿内人と朝鮮人との形質的な近しさはすでに報告されており、昨今のＤＮＡ解析によるアプローチも紹介したが、この結びつきを主張する際に強みと信憑性になっているのが、加耶由来のある土器である。たとえば金海貝塚から発見されたいわゆる金海式土器に分類される丸底の壺は、まるでそっくりな仲間たちのように近畿地方で数多くの同形が定型化して出現しているのだ（庄内式期の後半〜）。

まさに古墳時代の開始期に金海式土器が「そこ（畿内）にあった」という意味合いを前のめりに主張してくるものである。こうした土器は必ずしも実用品ばかりではなく、祭祀用のものもあったであろうが、大がかりな組織・集団の移動や定住を連想させる（こうした丸底壺に関しては大家の藤澤一夫がまとめて報告しているものの、せっかくの藤澤論文がその後に大いに生かされていない、不当にスルーされていると見るのは、単なる思いすごしだろうか？　つづく研究者に期待）。

一般的に言って、奈良盆地では、纏向遺跡や布留遺跡、坪井遺跡などで高坏や二重口縁壺があまた検出されており、もとより半島系の色合いの濃いこれらの文物が如実に４世紀の韓地からの文化流入を物語っている。狗邪韓国内出自のものが三輪山西麓のヤマト地域に直結していることがなによりも重要な点である。王権のお膝元であった纏向遺跡から布留０式期の土器と加耶の陶質土器が共伴出土している例も数多くあるので、年代的にも４世紀中後半に加耶勢力がヤマト中枢に到ったこと、そしてヤマト中枢で新王権が落ち着きを見せたその時期が布留0式期だったという大枠を知ることもできる（ヤマトに渡来勢力がやってきた最初は庄内式期だとしても）。布留0式期は通説では300年前後だが、半島の陶質土器は4世紀前半になってから製作されたものとされるため、この布留0式期を半世紀以上「後ろ倒し」にして4世紀中後半に持ってくればよいのである。

ところが、考古学の主流として、この十数年以上、纏向遺跡は「3世紀の遺跡」と考えられてきており、前方後円墳の築造年代も土器の編年もずいぶんと前倒しで遡らせられてきた。しかしながら、敢然とその年代判定に異議を唱える研究者は石渡信一郎だけではなく、現役の研究者たちにも数多い。改めて、箸墓はじめ纏向遺跡の主要古墳は、4世紀中盤から後半以降のものであると主張したいし、土師器（庄内式→布留式）の編年もかつてのように4世紀がメインとして据えられるべきものであることをダメ押しのように強調しておきたい。

左は石渡が改めて構想した近畿の土器編年である。通説の公式「纏向編年」と引きくらべて見てほしい。こんなおかしな編年（右段）が教科書のようになったのはそう遠い昔の話ではない。かつてのまともな研究者たちはもっと厳しく時代を見ており、簡単にそして不用意に遺跡や遺物の年代を前倒し（古く）させるようなことはしなかった。

昨今の編年では右段のように布留0式器段階を3世紀後半などとやたら古すぎる年代が設定されており、寺沢薫は300年ぐらいと見て、ようやく4世紀にかかろうかという見立てではあるが、それでもまだまだ古い。結局そのあたりは「科学的」と称される各種の年代測定法（年輪年代法や炭素14年代測定法）によって骨がらみにされた結果なので、数十年から一〇〇年もの大きな誤差

土器	［石渡編年］	代表的な古墳	［纏向編年］通史
庄内0式（纏向Ⅰ式）	342年～350年	楯築墳丘墓（墳丘長 約83 m）	180～210年
庄内Ⅰ式（纏向Ⅱ式）	350年～360年	纏向石塚古墳（同　約96 m）	210～250年
庄内Ⅱ式（纏向Ⅲ式）	360年～370年	纏向石塚古墳（同　約110 m）	250～270年
庄内Ⅲ式	370年～379年	纏向石塚古墳（同　約96 m）	270～290年
布留0式	380年～409年	ホケノ山古墳（同　約80 m） 箸墓（同　約278 m）	270～290年
布留Ⅰ式	410年～437年		290～350年

——古すぎる年代設定——が出てしまっているのだ。

　このあたりは前作でも批判したけれど、箸墓周溝で布留Ⅰ式の土器と共伴して馬具（木製輪鐙）が出土したことが決定的で訴求力のある反論の一つである。馬具つまり乗馬の風習は日本列島では早くても4世紀後期からでないとスタートしないため、必然的に布留Ⅰ式期の年代が「後ろ倒し」されなければならないことになる。すなわち石渡が展開するように——そして昔の篤実な学者たちが唱えたように——布留Ⅰ式期はかなり新しい時代なのだ。

　それでも現状、布留式期を350年より後とし、箸墓の築造年代も4世紀中盤から後半と見るまっとうな考古学者がいてくれることがまだ幸いである（たとえば関川尚功）。私は、正直なところ石渡編年ほど年代を新しく「後ろ倒し」にしないまでも、関川の見立てよりももう二、三〇年は後ろ倒しにするぐらいでないと馬具が出土したことなどとの整合性がつかないと考えている。

もう一つ、示唆的な事柄として言い添えたいことがある。ヤマトのふるさとには神奈備（神体山）としての三輪山信仰が古代から根づいており、そこには巨石や磐座《いわくら》も点在している。現地に行くととにかく石が多く、その厳かな雰囲気は楯築墳丘墓の立石・列石とその信仰をも思わせる。神々の依り代となった聖なるスポットだ。なかでも三輪地域の奥垣内《おくがいと》遺跡や山ノ神遺跡などは典型的な祭祀遺跡であって、三輪山西麓ではこれでもかというほどの磐座や巨石を見ることができる。磐座のそばから4世紀末の陶質土器（広口壺）が発見されたり、これらの地域内では祭祀に用いられた滑石《かっせき》の玉造工房跡も見つかったりと、信仰と向きあう古代人たちの内面生活をわれわれもいくらかだが具体的に想起することができる。供献土器として半島からの陶質土器が据えられ、祭祀がおこなわれたわけだ。

このように4世紀後半にはヤマトの内奥にまで入りこんだ渡来勢力は、いわゆる「ヤマト王権」を三輪山西麓に確立した。

その影響は否応なく多大な変容を列島西部にもたらしていった。生活文化の変容で言うならば、加耶の陶質土器を模倣した須恵器がついに4世紀末から5世紀に製作されはじめる（従来までは野焼きの土師器だった）。須恵器が古墳時代以降の代表的な土器となっていったのはその頑丈さや使いやすさゆえであったろうが、なによりも一〇〇〇度以上もの火力を調整する登り窯を用いた技術は相応の知識がなければ体得できないものだ。大量に渡来・定住した人びとが自らの手慣れた生活用具として器づくりをおこなったのは当然のことなのである。

崇神＝倭王旨の「渡来王」要素――分祀・戦争・「クジ」・「ムル」・「ＳＲ」・陶邑

それでは、崇神天皇自身の事績に「渡来王」らしい要素がどれほどあるかを検証してみよう。

第一が、「神」（皇祖神＝建国神）の問題である。崇神王朝では宮中に天照大神《あまてらすおおみかみ》と倭大国魂《やまとのおおくにたま》の二神を祀っていたという。ところが世に蔓延する疫病の原因に二神を合祀していることがあるのではないかと考えられ、天照大神と倭大国魂（在地の国津神とされる）が分祀された（崇神紀）。もともと、天照大神（アマテラス）以前の「皇祖神」が別におり、アマテラスと似て非なるその「日神《ひのかみ》」こそがタカミムスヒであるという説があった（岡正雄らが展開）。▲注　近年では溝口睦子《むつこ》が、タカミムスヒこそが倭の最初の国家神（皇祖神）であったというこの説をさらに深く追究し、北方ユーラシア神話にタカミムスヒ（太陽神＝日神）が由来する旨を語っている。驚くべきことに「日神」の出自は「朝鮮半島系の外来神」として言挙げもされているのだ。『アマテラスの誕生』ではこう書かれている。

> タカミムスヒが天孫降臨神話とともに朝鮮半島からやってきた、外来の神である可能性はかなり高いのではないかと考えられてくる。

その意味でもこの崇神紀の分祀記事には、渡来勢力（のちの律令国家の前身）からの国津神（在地勢力）への配慮が感じられる。崇神王朝が外来系ではなくもし在地系（土着系）の王権ならば、ハナから国津神のみを祀っていればよいはずで、このような神の二重性を伝える挿話はそもそも不要なのである。当の「外来神」タカミムスヒは「天地を鎔造」したと『日本書紀』に描かれており、「鉄と鍛冶」に関与する神であることはまちがいない。

すなわち加耶の鉄文化との関連性を思わせるのだ。

第二に、いわゆる「欠史八代」（第二代綏靖《すいぜい》天皇から第九代開化《かいか》天皇までには事績が乏しく、非実在が疑われる）までの天皇紀には表現されていなかった激しい戦争・謀反の事績が、崇神紀に記述されている点。将軍派遣と戦闘行為（《半分以上首を斬った。屍が溢れた》等）の描写が生なましく、史実性と信憑性に富む。

関連して、崇神までは大陸風の殉葬（生き埋め）の風習があったが、代替わりした次の垂仁朝（第十一代）でそれを「埴輪」に代行させた有名な制度変更の記述がある。殉葬の習俗は、大成洞古墳群の木槨墓（4世紀）にもあることを想起したい。

第三に、崇神と同一視される首露王の降臨神話が日本神話におけるニニギの（高千穂への）天孫降臨とあまりにそっくりである点。『三国遺事』駕洛国記によると亀旨峰《クジボン》の空から垂れ落ちてきた赤衣に金の箱が包まれており、箱のなかには金の卵が入っていた。卵から生まれのちに即位したのが首露王である。ともに天上からの神勅を受けて地上支配のために天降る点で共通している（天孫ニニギは祖母アマテラスの命を受ける）。布にくるまれているという点では、ニニギも真床覆衾《まとこおうふすま》に包まれて降臨する。

しかも亀旨の読み「クジ」（あるいはクシムル）は、ニニギがアマテラスの「事依《ことよ》さし」を受けて

亀旨峰（きしほう／クジボン）にある立石（金海市）
亀旨峰は首露王が降臨した聖なる場所である。すぐ近くにやはり亀のような平たい形の支石墓もある。首露王の降臨については、日本神話の天孫ニニギの降臨と酷似している（詳しくは第４章本文で）。また吉備地方の楯築墳丘墓（古墳）にある立石との類同性も見逃せない。
［フォートラベル／カスピ海氏　提供］

降臨する高千穂の槵触之峯（クシフルノタケ『書紀』）、もしくは久士布流多気（クジフルタケ『古事記』）とそっくりであり、完全に同源である。

もう一つ重要なことを言うと、ニニギが降臨した地の異伝（『日本書紀』第六の一書）には、高千穂の「添山峯」（ソホリノヤマノタケ）というものもあって、しばしばこの奇妙な「ソホリ」の音韻は韓国の首都ソウルと同源であるなどと言われるものなのだが、それに追加して、私は「首露」（スロ）の「SR」音から漢字で訓まれたものではないかと考えている。そうであれば、首露王が倭に降ってきた際のまさに降臨の地を記念して、のちに添山峯だと言いならわしていたということで筋が合い、ドンピシャである。

なお、この「崇神天皇」はあくまで後世の漢風諡号《しごう》にすぎないため、本来の「名」ではもちろんない。その真の名のヒントとして、首露王だけではなく別のある重要人物と等置されることになる

箸墓とヤマトの地（春霞の桜井市の丘から望む）
崇神天皇が眠る箸墓（４世紀後半の前方後円墳）は三輪山西麓の纏向遺跡に位置している。この纏向あたりを初期のヤマト王権は王都とし、「国のまほろば」を形成した。[Narana 氏／ PIXTA　提供]

(石渡説)。それが石上神宮に所蔵される七支《しちし》刀《とう》(国宝)銘文にある「倭王旨《し》」である。この刀は百済から献上された七枝刀《ななつさやのたち》(『日本書紀』)にあたり、金象嵌《ぞうがん》で銘文が刻まれている。その金石文の内容は、対高句麗戦における倭・百済同盟軍の勝利を記念したものと捉えられ、送り手は百済王子の近仇首《きんきゅうしゅ》(『書紀』では貴須王)とされている(定説)。その受け手が「倭王旨」であって、この人物をこそ石渡は崇神と等置した。

この場合、倭王旨こと崇神(首露王)が、戦時下にある百済と同盟していたという解釈になる(百済が上位者)。なにより、この倭王「旨」は首露王が天降った金海の「亀旨峰」と字が一致している。旨の字は「ムル」音を持ち、上田正昭も「亀旨」峰に「クシムル」とルビを振っているほど。朝鮮語で「首(モク)=頭(モリ)」と「露」(ロ)を合わせると「モロ」という音になり、「首露＝旨（ムル）」とこのMR音で通底する。三輪山は「御《み》諸《もろ》山」とも表記され、この「ムル／モロ」との類似性も見逃せず、「倭王旨《ムル》（し）＝首露《モ(ム)ロ》王＝〈御《み》（尊称）＋諸《もろ》〉＝三輪山＝崇神」の可能性をひときわ高くしている。

さらに、この節の最後に書きつけたいことは、三輪山麓を描く崇神紀に祭祀者・大田田根子《たねこ》の挿話が登場してくることと、「任那」の名と任那がはじめて朝貢した記事がこの崇神紀にきっちりあることだ。

詳細は省くが、大田田根子は大物主神《おおものぬしのかみ》（日神／蛇神伝説）の子であって、のちの三輪氏や賀茂氏の祖であり、大物主神の託宣（崇神天皇への夢のお告げ）がきっかけで大阪（阪南）のほうから探し出され、大神《おおみわ》神社の神主に配されることになる。そのおかげで疾病や災害に見舞われていた国は安らぎ救われることになるのだ。

この大田田根子がいた大阪のほうというのは正確には茅渟県《ちぬのあがた》の「陶邑《すえむら》」である。そして陶邑といえば陶邑窯址群が日本最大の須恵器工房（窯跡）として有名であろう。初期の須恵器は加耶系の陶質土器を見本として製造されたことは知られているとおりで、いわば加耶文化の精華が日本で花開いた文物こそが初期須恵器なのである。当然ながらこのことは、『日本書紀』や『古事記』の編史官が、三輪山麓の崇神王朝と須恵器生産が濃密に関係していることを暗示していると読み取るしかない。やはり崇神天皇には加耶の影がどうにもチラついて離れないのだ。

後者に関してはもはや言うまでもない。「任那と崇神」の結びつきを『日本書紀』が独特の筆法で示唆しているのである。

▲注……そもそも「天皇」には「スメラミコト」という特殊な読み＝訓があるわけで、天皇＝「須女良」（スメラ）について、たとえば言語学者の芝烝はツングース語の「太陽」suun が sume（スメ）になっていったというしごく妥当な説を述べており、この皇祖神（国家神）が日神起源だという説を補強している。

終章　これが天皇家の「秘密」だ！

——皇統譜「たったひとつの冴えたやりかた」

金海貝塚出土の金海式土器（4世紀か）
日本出土の庄内式期・布留式期の土師器の形態に実によく似ている。

左から布留式土器、庄内式土器、弥生土器
だんだんと右から左へと「丸底化」してゆくのがよくわかる（提供：豊中市教育委員会）。

古代倭王朝の秘密①――〝第一の降臨者〟ニギハヤヒが象徴するもの

この終章では、第4章を受け、古代天皇家の正規の「記録」となった『日本書紀』における皇統譜の内実と方法に肉薄してゆくつもりだ。

日本における王朝の開始については、初代の神武天皇を実在する天皇だと看取するまともな研究者はさすがにほとんどいないので、通説どおりに崇神天皇から始まるという見立てが正しい。これは崇神の称号が「ハツクニシラス（御肇国）天皇」だからでもある。

実際に崇神天皇の開いた王朝（三輪王朝）のもと、外的な評価が変わる。5世紀の日本について語る中国史書の『宋書』では、文字どおりの『魏志』「倭人」伝や『後漢書』「倭」伝から、『宋書』「倭国」伝へと呼称が昇格した（正確には倭国の条）。この意義は実に重いところで、卑弥呼らでは成就できなかった事柄である。この「倭国」という〝古代専制国家〟を形成した立役者が崇神であり、この崇神王統の孫世代以降、はじめて「倭国王」その他の爵位が正式に授けられてゆく。外国の文献史料においてこう範疇化・索引化され、本当の意味で「倭国」が誕生したのである！

この崇神天皇の渡来王たる要素ということで前節では語ってきたが、第一に挙げた「神の問題」についてはさらに深めて検討しておく必要がある。私が古代史文献を読みかじっていたころ、たしかに日本神話のココは奇妙だなあと頭にもっとも引っかかった部分のうちの一つがある。それが、すなわち〝第一の降臨者〟ことニギハヤヒの存在だ。

そもそも「天孫降臨」という事態は不思議な現象である。これは前著でも記したことだが、もしも「ヤマト中心主義」の純粋な理想形があるとするなら、三輪・纏向の地で生まれ育ったある豪族の王子がそのまま当のヤマトの地で王家を興すという内容で十分なはずであり、「外部」から「降臨」するなどという特別な「起源の物語」はまったく不要ではあるまいか。『日本書紀』自体が本文のなかでどのような圧力と葛藤の結果なのかはわからぬが、最大のぶっちゃけたネタばらしをおこなっているようなものである。

しかもだ、その降臨劇がなぜか日本神話では二回もある！ということに独自すぎるほどの古代国家形成がしのばれる。もしもたった一回のみの天孫降臨というのであれば、アマテラスの孫である〝天孫〟ニニギノミコトがこの列島に天降っておしまい、でよい。そのはずなのだが、実際はそうではなかった。ニギハヤヒという存在がニニギノミコトに先駆け、天磐船《あまのいわふね》というシロモノに乗って河上哮峯《いかるがのみね》（大阪府交野市私市／磐船神社）に天降っている。そうした降臨劇が前後二回もあるというのは、建国神話のスタイルとしてやはり異色である。端的に前後に「二朝」があったとするならば、この理由を説明できるわけだ。そして「前の王朝」がニギハヤヒに象徴される日神系の崇神王朝であり、崇神王家は加耶系の任那勢力だというわけだ（ちなみに「後の王朝」は「アマテラス—ニニギ（祖母—孫）」に象徴されるのちの記紀を編纂した天武・持統天皇系の律令国家である。興味深いところだが、本書とはテーマが異なるので別の機会に）。

前節の最初に、崇神時代には倭大国魂（在地の国津神とされる）も国内で祀られていたという話を書いた。これが名前のとおり在地系の神であり、ニギハヤヒやニニギが相次いで倭にやってくる前からの土着的な信仰対象であったのだろう。

その倭の地に、渡来系の崇神王家（首露王一派）が大陸系の太陽神（日神）を戴いて半島南部からやってきた。石渡理論では崇神王朝の「本体」は、このニギハヤヒ（＝ホアカリ）の後裔である尾張連氏の系譜に表現されている（書き残されている）と考えられている。言い換えれば、崇神王統の後裔が尾張連氏である。なぜそう読み解けるかというと、尾張連の先祖には、当の「第一の降臨者」ニギハヤヒ（＝ホアカリ）があてられており、古代史の建設者たるのちの応神天皇（第十五代）が尾張連氏から正妻（皇后）をめとっている事実があるからだ。

ただ一般的に、正史『日本書紀』では尾張連氏の祖神はアメノホアカリとされており、物部氏や同族の穂積氏のほうがニギハヤヒの後裔とされている。だが『先代旧事本紀《せんだいくじほんぎ》』ではニギハヤヒとホアカリはまさに同体の神「天照国照彦天火明櫛玉饒速日尊《あまてるくにてるひこあめのほあかりくしたまにぎはやひのみこと》」となっており、尾張連氏の祖神はこの降臨してきた「日神」のニギハヤヒと見て、特段の問題はなかろう。このあたりのニニギとニギハヤヒ（＝ホアカリ）の関係性は実に複雑であり、記紀でも細心の注意が払われているようで、あえて入り組み複雑怪奇であるように見せているきらいがある（ニニギとニギハヤヒの関係が、親子だったり兄弟だったりと記述内容が異なっており、尻尾をなかなかつかませないのだ）。

しかもたしかに尾張には熱田神宮があり、「三種の神器」の一つである御神体・草薙《くさなぎ》剣天叢雲剣《あまのむらくものつるぎ》がそこに祀られていて、ヤマト王権とのただならぬ関係は容易に想像される（だから宮中には今も剣の「形代」が代置される）。あのヤマトタケル神話では、東征の際にヤマトタケル（景行の子）が草薙剣を用いて、死の危機を脱した。ヤマトタケルは尾張ではミヤズヒメと結婚したが、哀れヤマトタケルは死して、悲しんだミヤズヒメが熱田神宮を建てて奉祭したという逸話が残されている。このように三種の神器の一つが尾張に縁があるというのは、鉄（刀剣）と尾張氏の関連性も含めて見落とせない事実なのだ。

武器・刀剣のからみからで言うと古代の武器庫・石上神宮で祭祀を務めていた物部氏の存在も大きく、やはり日神（火神）と関連した広義の一族（支族）として尾張連氏・物部氏、また穂積氏なども崇神王家の中枢とかかわっていることが推定できる。これらの氏族集団は性質上、鉄製武器集団であり、日神＝ホアカリを奉祭する半島系の一族とかぶるのである。実態は「かぶる」以上に相即し融合しているというわけだ。

古代倭王朝の秘密②——女系の皇統譜に「尾張連氏」の存在感

崇神王家と尾張連氏・物部氏がなぜかぶるか？——という大問題については、前著でも煩雑な系譜上の推理と検証をおこなって幹の部分は示したつもりだが、正直、まだ未消化なところもあった。その後、さらに論点を深めまとめたのでここでは一挙に結論に持ってゆくつもりである。

ポイントは、古代天皇家の中心人物（エース）は応神天皇なので、応神天皇以前の、つまり応神に至るまでの皇統譜と来歴をつぶさに見てゆくことである。世界文化遺産に登録された百舌鳥・古市古墳群のうちの古市古墳群の盟主墓は、この応神が眠る誉田山古墳（いわゆる応神陵）にほかならない。試しに『書紀』が記す崇神王朝の一般的な系譜（「男系」応神に至る）を見ると、この図1のようになっている（丸数字は天皇即位の代）。そしてその左の図2には『古事記』を踏まえて井上光貞が読み替えた系譜（「婿入り」した応神）を載せた。

【図1】 崇神から応神までの「男系」の皇統譜（『日本書紀』）

⑩崇神—⑪垂仁—⑫景行┬ヤマトタケル—⑭仲哀—⑮応神（母は神功皇后）
　　　　　　　　　　├⑬成務
　　　　　　　　　　└イホキイリヒコ

【図2】 崇神から応神までの「女系」の皇統譜（『古事記』分注）

崇神—垂仁┬イニシキイリヒコ（第一皇子）
　　　　　└景行（第三皇子）—イホキイリヒコ—ホムダマワカ—ナカツヒメ（皇后）
　　　　　　　　　　　　　　　　＝　　　　　　　　　　　＝夫婦—仁徳
　　　　　　　　　　　　　　シリツキトメ（尾張連氏の女）　応神天皇

崇神と応神のあいだは、『日本書紀』ではいわゆる「**男系**」**継承で、つながってはいる**（図1）。が、『古事記』応神条（しかもいわゆる「分注記事」）によれば、イホキイリヒコ（景行の次男）の子であるホムダマワカのもとに、応神が婿入りしているように見える事実もあるのである（図2）。こちらの『古事記』分注の系統が真実ならば、そもそも図1のようなラインは端的に接ぎ木された観が出てくるわけだ。

ここを裏読みすると、応神の父（仲哀天皇）と母（神功皇后）、そして仲哀の父（ヤマトタケル）が実在しない可能性を考慮しうるということになる（図1の傍線）。たしかにヤマトタケルは神話的人物でありすぎ、英雄神話を一身に具現した象徴的な皇子だ。その分、史実性を疑う研究者も多く、ヤマトタケルの子である仲哀にしろ、その存在感の薄さも含めて非実在とする考えに無理はない。

同じく仲哀の皇后であり、かえって三韓征伐などでの活躍が華々しすぎる神功皇后も非実在だとする考えもまた妥当なのである（三韓征伐の挿話は、7世紀『書紀』編纂期における律令国家の「新羅ヘイト」が反映されすぎている）。

この三者（ヤマトタケル、仲哀天皇、神功皇后）が不在なら、応神天皇も存在しないことになってしまう。そんなふうに応神の父母の史実性が疑わしい分、応神の「他系」からの登場の仕方、すなわち「女系」応神のほうを史実と見ることが自然な解釈にもなってくるのである。実際に、上田正昭はこの系図をめぐりさらりとこう書いている。

三輪王権の血脈をうける中比売《なかつひめ》を娶ってワケ大王家を樹立した〜

と。つまり応神がナカツヒメをめとることで政治的背景を固め、自らの「ワケ大王家」（応神新王朝）を開いたとしているのだ（『私の日本古代史（下）』）。これは上田の集大成としての書籍からの引用だが、正史『日本書紀』における男系継承の情報よりも、『古事記』にそっと記された女系継承の要素をすくい出してきて光をあてているのが貴重である。仲哀&神功皇后という記紀における応神の父母がいかに学界的にも疑問視されているかという証左であり、三輪王権たる崇神王朝から、応神王朝への5世紀におけるパワーシフトは、すでにこのように認められている。一種の政権交替論であり、権力の移譲が三輪王朝から応神王朝にスムーズにおこなわれた。

そうして、この「女系としての応神天皇」を見て取るとき、応神の皇后（ナカツヒメ）の父はホムダマワカである。ホムダマワカの他の娘たち、なんとナカツヒメの姉と妹も応神の妃にそれぞれなっており、ホムダマワカは自身の娘三人をすべて応神に託したということになる。だというのに、ホムダマワカの「名」自体が『日本書紀』では抹消されているという事実はかなり奇怪ではあるまいか？　是非そこのところを「古代史の常識」として一般読者にも知っておいてもらいたいわけである。ここがふんぷんと怪しさが匂うところなのだ。ホムダマワカはイホキイリヒコの息子だけれど、皇后ナカツヒメのことを記す際に『日本書紀』は「イホキイリヒコの孫」という書き方で「父の名」を隠した。まるでホムダマワカについて追求されることを避けるかのようにだ。

そもそも皇族イホキイリヒコがシリツキトメという尾張連氏の女（タケイナダネの娘）と婚姻したところから、尾張連氏の重要性や格は一挙に上がってきた観がある。とくにイホキイリヒコは即位はしなかったものの、筋目の正しい男系で正統派の皇族そのものであるため、やはり応神と同じく、外形的には大きな家（一見地方豪族だが）に婿入りしたふうに見えるのである。

応神にとってみれば、自分の妻（たち）の祖父イホキイリヒコは応神自身の大おじという近さになるけれど、そのイホキイリヒコもその昔、尾張連氏に婿入りしていた、というなりゆきになっている。

井上はこの「婿入りした応神」の真相を『古事記』に見出し、「崇神（王朝）から応神へ」の流れを柔軟に解釈してみせたのだが、5世紀の「倭の五王」との関連性を見誤っている点、また応神の〝男系出自〟すなわち「応神の父」を特定できなかったことなど、足りぬ部分も多々あった。そこで石渡はさらに調整した系譜を提示したのである。

[図3] 崇神王統（「イリ」＝三輪王朝）と倭の五王（石渡説）

崇神—垂仁—┬景行（オホタラシヒコ）
　　　　　├イニシキイリヒコ（讃）—イホキイリヒコ—ホムダマワカ（済）┬興（凡連）
　　　　　│　　　　　　　　　　　　　　　　　　　　　　　　└ナカツヒメ
　　　　　│　　　　　　　　　　　　　　　　　　　　　　　　　＝夫婦（仁徳は虚構）
　　　　　└ワカキニイリヒコ（珍）　　　　　　　　　　　　　　応神（武）

この図3では石渡による5世紀の「倭の五王」（讃珍済興武）との比定も示してみた。図4では五王の系譜も載せたので、教科書史観のまどろっこしい五王比定と比較してもらいたい。たとえば「武＝雄略天皇」という具合にいまだに決めつけられ高校教科書などに載ってはいるものの、雄略天皇は479年に早くも崩御しており、502年に梁から武が征東将軍を除正されていることとまったく筋が合わない。そろそろこの不合理な「武＝雄略天皇」史観からも脱却したいところだ。

[図4] 倭の五王（『宋書』倭国伝）

┬讃
└珍　（続き柄不明）　済—┬興
　　　　　　　　　　　　└武

石渡理論では、任那系の崇神・垂仁天皇の二代のあと、その男系の後裔（イニシキイリヒコなど）が「倭の五王」に重なってゆくと見た。この王統の最後に控える「武」を「婿入りした応神」であると取り、その「応神の正体」を百済王子の昆支であるとした（この検証が私の前著のテーマで、決定打を出したつもり）。

この図3では、イホキイリヒコが倭の五王の「誰」にも相当しないのがミソであって、『宋書』では讃珍は「兄弟」関係であるものの、讃珍と済たちとの「続き柄」は図4のように描かれていないのである（時間的もしくは血統的な「段差」が生じている）。その段差について石渡は、「景行の子」とされるイホキイリヒコが王位に就かず、（一拍置いて）イホキイリヒコの子のホムダマワカが「済」として、大叔父ワカキニイリヒコの後で王位に就いたという新解釈を施して、歴史ファンを瞠目させた。それだと、たしかに矛盾点がなくなったからである！

ついでに、イホキイリヒコは「景行の子」ではなく「イニシキイリヒコの子」とした。ここも重要である。

常識的には、「イニシキイリヒコ（＝讃）」よりも事績のとかく多い景行天皇（垂仁の後継天皇で第十二代）をそのまま「讃」と結んだほうがおさまりがよいようにも見える。しかしイニシキイリヒコには景行（オホタラシヒコ）とちがって名前に「イリ」が入るため、「崇神（ミマキイリヒコ）―垂仁（イクメイリヒコ）」以来の伝統、いわゆる「イリ王朝（三輪王朝）」としての正統性が踏まえられているのだ。「崇神―垂仁―景行―ヤマトタケル」のラインではなく、「崇神―垂仁―イニシキイリヒコ―イホキイリヒコ」のラインにこそ真の皇統が再現されていると見たわけだ。

そこに対して、応神――名前に「イリ」が入っていない外部の男――が「ワケ」系として婿入りした経緯が示されていると考えればより筋が通る（応神＝ホムタワケ＝誉田分尊『書紀』）。先述した上田が語る「ワケ大王家」とはこの名前のことを意味している。

では、「讃＝イニシキイリヒコ」と置いた時に五王の系図に不都合が生じてくるだろうか？　そこは不都合など出るわけもなく、むしろ「祖父―父―子」の関係のまま「イニシキイリヒコ（讃）―イホキイリヒコ（皇位つかず）―ホムダマワカ（済）」の直系関係が成立し、続き柄不明の『宋書』の謎が解明される次第である（イホキイリヒコは皇位を継がなかったため、一拍が置けるのである）。

このように、ここの系図史料の批判と検討においては、重ねて言うが、イニシキイリヒコとイホキイリヒコが親子として結び直されたところが実に秀逸であり、石渡説がもたらした幾つもあるコロンブスの卵のうちの一つである。イニシキイリヒコは以下に示すように、景行天皇よりも事績が具体的だという印象をずいぶんと受けるはずである。

客観情報として特筆されるべきことは、イニシキイリヒコが石上神宮の神宝――太刀（もしくは剣）《一千口》――を製造させ、これら鉄製武器を管掌《かんしょう》して軍事面を司ったという点（やがて石上神宮は物部氏の管掌になるから、尾張連と物部をつなぐ結び目にもなっている）。ほかにも土木・開拓関係の事績がやけに具体的で、イニシキイリヒコは河内国に派遣され、高石池（今の高石市に）や茅渟《ちぬ》池（泉北）を造成したという池溝開拓の記事があるし、同じように『古事記』では狭山池（大阪狭山市）、高津池（日下）などの灌漑用水池を造り、「河上部」を定めたという記事すらある。これだけの記述の具体性は、管理者としての行政手腕の確かさが反映されているわけだろうし、崇神、垂仁と継いできた三代目世代が大阪平野の開発をめざした事例としても注目できる。なによりもイニシキイリヒコこそが三代目の倭国王としていかに有能な人物であったかということがわかるはずだ。

古代倭王朝の秘密③――景行とイニシキイリヒコによる「分岐」

情報のピースが取りそろったので、いよいよまとめにかかる。皇統が崇神から応神に至る場合、男系継承でつながる場合と、女系でつながる場合がともにあるということはわかってもらえたと思う。そして実は崇神天皇の皇統こそ「第一の降臨者」ニギハヤヒ（＝ホアカリ）の系譜につながるという説をこれまで打ち上げ展開してきた。というからには、ニギハヤヒ（＝ホアカリ）を祖神に持つ尾張連氏の系図と皇統譜が相即し乗り入れあうような関係が本当になければならない。

そこで以下の系図を改めて見てもらい、検証を進めたいのだが、その前にひと言。以後の検証をするにあたって、ふれたように前著ではかなり煩わしく、まわりくどいやり方を私は採らざるをえなかった。それはどこかにこれは思考実験だと自分に言い訳していたところもあって、その実、複雑な事態の本質がまだまだ見えていなかっただけなのではないかと、自分の分析不足やツッコミ不足の点を反省もしたのである（強調点の置き方がわからなかった、と言ってもいい）。だから今回はさらに大胆に筆をふるって、尾張連氏の残された系図と現皇統譜から古代崇神王家の秘密――秘められた皇統譜の構造――をピンポイントに分析し、導き出してみようと思うのだ。

構造分析の肝は、ずばり、垂仁《すいにん》天皇の「次の世代」である。［図5］の中央の崇神天皇から始まるラインは現状の皇統譜のままに親子関係を示したもので、［図1］と実質変わらない。

この万世一系の皇統譜では「景行の後継」は主流派たる「景行―ヤマトタケル―仲哀天皇―応神天皇」とされているわけだが（景行天皇ライン）、その実「イホキイリヒコ―ホムダマワカ―ナカツヒメ」もこのように一本のラインにはつながっており、「男系」の三世代でこちらもまとまっているのが特筆される（ナカツヒメは「男系女子」なので、令和元年現在の現代とちがって皇位継承権がある）。

【図5】 崇神王家と尾張連氏の近接・融合と分岐――現行の皇統譜（尾張連氏と濃尾の影が濃い）

（アマテラス／ニニギ）～崇神―垂仁―┬ワカキニイリヒコ
　　　　　　　　　　　　　　　　　├イニシキイリヒコ
　　　　　　　　　　　　　　　　　└景行天皇（造作）―┬成務
　　　　　　　　　　　　　　　　　　　　　　　　　　├ヤマトタケル―仲哀天皇―応神天皇
　　　　　　　　　　　　　　　　　　　　　　　　　　└イホキイリヒコ―ホムダマワカ―ナカツヒメ
　　　　　　　　　　　　　　　　　　　　　　　　　　　　　＝夫婦　　　　　　　　　　　＝夫婦
ニギハヤヒ～（尾張連氏）ヲトヨ―┬タケイナダネ―┬シリツキトメ（妹）
　　　　　　　　　　　　　　　　│　　　　　　　└尾綱根→尾張連氏の本流へ
　　　　　　　　　　　　　　　　└ミヤズヒメ（妹）

そこで私が強調したいのは、すでに右の原史料の時点ですら――私の手をまったく加えなくてもという意味で――イホキイリヒコ以降の三代の男系継承者が尾張連氏の関係者だということである（下三つの四角囲いの人物たち）。

正規の皇統譜（『日本書紀』＋『古事記』など）ですらここまで男系として尾張連氏が入りこんでいるのも相当に意外ではないだろうか？

そこに来て、イニシキイリヒコさえ実は濃尾地方と関連があるという傍証がある。イニシキイリヒコは伊奈波神社（岐阜市）の祭神であり、濃尾平野の地や尾張連氏との関連性が今に濃厚に残っている。そんな皇族のイニシキイリヒコがよりにもよって『日本書紀』の正史では「景行天皇の同母の兄」なのである（同母ヒバスヒメのそれぞれ第一皇子と第二皇子）。兄ではなく弟が継いだ皇統というわけだが、「同母の弟」という設定はきわめて後づけで創作しやすいものだ。造作ぶりを「お察し」できるところであろう。

だから元の（真相の）親子関係はともに「イリ」の入る「イニシキイリヒコ―イホキイリヒコ」だったのが、その親子関係をはずされ、景行天皇とその血筋が新規に案出されて「景行―イホキイリヒコ」の父子関係が造作されたと推理されうるのだ。言い換えれば「実在のイニシキイリヒコ↑↓景行天皇」というふうに交換が後づけでおこなわれた。それでイニシキイリヒコとその系譜が傍系へとキックアウトされたのではないか、ということだ。これら私の指摘している「濃尾つながり」各種は、イホキイリヒコが本当は景行の子ではなくてイニシキイリヒコの子だったという石渡説に一理が加わり、信憑性が増すはずである。

しかもだ、景行の皇后・八坂入媛命《やさかいりびめのみこと》は、景行が美濃でスカウトした設定となっており、珍しくも「景行天皇社」という名の神社が愛知県長久手市に残されているほど景行天皇と濃尾地方とはこれまた関係が深い。景行天皇が後づけでイニシキイリヒコの血統を打ち消すために創作されたものだからこそ、濃尾つながりがここにも残っているわけである。私たちがなぜこうも尾張連氏を特筆したくなるかの理由もわかってもらえるだろう。

その上、まだ最大のクロスポイントもある。「景行の子」であるあのヤマトタケルが尾張連氏の女（タケイナダネの妹）をめとっていることもおなじみの挿話である（先述したミヤズヒメ）。つまり尾張連氏自体がまるで崇神王家の同体であるかのような姻族ぶりをここでも発揮しているわけなのである。▲注 なんと［図5］で四角囲いした人物がすべて「尾張」関係になってしまうのだ。そこで「イニシキイリヒコ―イホキイリヒコ― ホムダマワカ― ナカツヒメ」の系譜を私は「イニシキイリヒコライン」と名づけたい。

ここで試しに、景行天皇からのその一本の子孫筋を「イニシキイリヒコライン」（イニシキイリヒコ―イホキイリヒコ―ホムダマワカ―ナカツヒメ）へとまるごと差し替えてみてもよい。系図全体でいわば〝男系の引っ越し〟さえあっさりと可能なのである（［図6］で示してみた）。言い換えると、この景行ラインがあることでヤマトタケル神話や神功皇后三韓征伐神話も導かれてくるわけであって、景行天皇の存在がまるで鉄道の〝分岐器（ポイント）〟のような効果をおさめているわけである。もっと明瞭に言えば、そもそも不在だった景行天皇を創作して「設定」し、景行（オホタラシヒコ）とイニシキイリヒコを分岐させることで、景行ラインが強調され、男系の応神天皇に至る皇統が造作された。ただ、後づけ感、接ぎ木感が強く、景行、ヤマトタケル、仲哀、そして神功皇后とそろって神話伝説カラーが強く出てしまった。他方のイニシキイリヒコラインがもしも一本だけ残って強調されていれば、たやすく「入り婿としての応神天皇」の姿が見えやすくなってしまう。それではそのまま崇神王朝も目立ってしまうということになり、まずい。なぜなら正史『日本書紀』で企図されたことの第一義は、皇統譜の作成であり、しかも男系による「万世一系」がつながっていることこそが最重要課題だったからである。そのことを回避するために、『日本書紀』はこのような巧みな作為を重ねてきていたわけである。この崇神王朝と応神王朝のあいだの切れ目や断絶は、『古事記』による分注記事の書き手が有能であったから判明してきたことであり、過去の歴史家たちの研究が奏功し、石渡理論を経てこうした真相解明へと至ったものである。

実は、景行天皇（オホタラシヒコ）は八〇人以上もの子がいたという設定やら、九州行幸やら派手に手柄を言挙げされているわりには、実務的な事績が見えづらく薄い点でも創作色は強い。「タラシ」の字は後年の造作によるものと研究されてきている点もそこに加味してもいい。

という次第で、これらが景行とイニシキイリヒコによる「分岐」の効果と結果であり、そこを元に戻してやれば「古代倭王朝もしくは古代天皇家の秘密」は解けてくる。

すなわち「イニシキイリヒコライン」による応神への流れをつけたことこそが、編史官たちが捻出した、「たったひとつの冴えたやりかた」だったというわけである。そこで崇神王統と応神はつながり、「万世一系」の皇統は可能になった。歴史書の編纂とは、《邦家の経緯、王化の鴻基》（『古事記』序）を確立するのが大目的であるというが、そうした大事業のうち、「帝紀」の「経緯」についてはこのような「やり方」を使用して有効に成ったと私は読み解いた。

この解読を携え、踏まえて、なんとか「古代史の常識」に私たちは修正を提起し、縛られたままの今の古代史観というパラダイム自体を動かして「ニューノーマル」（新常識、新常態）をもたらしたいわけである。

▲注……もとよりヤマトタケルは、応神天皇のシンボルであり（石渡説）、もちろんその元ネタは応神が尾張連氏の三人姉妹をすべてめとっていることに由来するはずだ。史実としてあった関係性を架空の系図上で接ぎ木したわけで、完全にその筋も合うのである。

崇神王家と尾張連氏の近接・融合ぶり――「接ぎ木」された皇統

ひるがえって、古代天皇家と尾張連氏の正史上のつながりは、皇族イホキイリヒコがシリツキトメ（尾張連氏タケイナダネの娘）と婚姻したところから始まる。そこで生まれたホムダマワカは完全なる（古代天皇家＝皇室の）男系継承者かつ尾張連氏の嫡男＝後継者である。このふたり（イホキイリヒコとホムダマワカ）は本来ならともに古代天皇家の男系継承者の男子というわけである。

そこに来て、前世代のイニシキイリヒコと景行天皇がともに濃尾つながりを持つということにもふれた。尾張色がとても強く漂っていることはこれだけでも十分わかるだろう。

この尾張連氏の系譜との近接性・融合性を正しく見て取って、複雑な皇統譜を解きほぐしてゆけば、そこに古代天皇家の秘密を見出すことができる。端的に言って皇統譜作成には構造的な手順が存するということだ。その手順の要こそ、前節であげたように景行天皇を系図上のいわば〝結節点〟に使ったということである。その系図上の造作・作為の動機は、すでに前節でも明らかなように、応神天皇が「よそ」から婿入りしたという事実を隠し、応神天皇を崇神王統の男系に連なる者だと仮構するためである。だから次いで、この問題を「どのように（ＨＯＷ）」という操作手順の方法論として見てみよう。

図6のように、垂仁天皇の後続としては、「景行天皇ライン」と、先に示した石渡説による「イニシキイリヒコライン」の両系統があまりに顕著な対《つい》のように見られる。そこには左右で世代的な対応関係が見られることがまず一つある。

ここを編史官の立場で語ると、〝真の皇統譜〟たる「イニシキイリヒコライン」から「景行天皇ライン」を造作した過程に関して、こういう操作が透かし見え、しのばれるのだ。まず、実在のイニシキイリヒコから景行天皇を、実在のイホキイリヒコからヤマトタケルを、実在のホムダマワカから仲哀天皇をそれぞれ仮象として創作し、それらの三人を、元の実在モデルたちとそのまま同じに、「景行ライン」として三代の血筋とする（①）。次いで、その景行ラインの最後部に、本来

【図6】 真の皇統譜と「景行天皇ライン」を造作した過程――「男系の引っ越し」

［万世一系の皇統譜（男系）］

（アマテラス／ニニギ）～崇神――垂仁――景行天皇┬成務天皇
└ヤマトタケル――仲哀天皇――応神天皇

［右系図にするために「真実の系図」からどう操作したか］

（アマテラス／ニニギ）
┌景行天皇（妻は濃尾の女）――ヤマトタケル（妻はミヤズヒメ）――仲哀天皇――＋――応神天皇（②接続する）
←④　↑①　↑③　↑①　↑①
（ニギハヤヒ）～崇神―垂仁┴イニシキイリヒコ（讃）―イホキイリヒコ―ホムダマワカ（済）―ナカツヒメ
＝（応神）

ニギハヤヒ～（不明）―ヲトヨ┬タケイナダネ┬シリツキトメ（妹）＝
（第一降臨者）　└ミヤズヒメ（妹）└尾綱根↓尾張連氏の本流へ

は〝女系〟（そしてなによりも百済系！）であった応神天皇を直系扱いにして仲哀天皇の子としてくっつける（②）。最後に、念には念を入れてイホキイリヒコを――イニシキイリヒコの子ではなく――「景行天皇の子」とする（③）。

あとは、④として、崇神王家の本来の皇祖神であった「ニギハヤヒ（＝ホアカリ）」を抹消して、一氏族としての尾張連氏の祖神に移し、空位になったそのポジションに「アマテラス―ニニギ」の天孫の系譜をドンと付け替えればよい（もちろん「尾張連氏」ならぬモデル支族の家はもともとニギハヤヒ＝ホアカリ系日神が祖神だったはず。あくまで「名称としての尾張連氏」の祖神なので為念）。

尾張連氏に対しては、「ヲトヨの父」をウヤムヤにしてしまった。もとより「ニギハヤヒ＝ホアカリ」からの尾張連氏の系図は連綿と下（後代）へとつづいているのだが、そこにだけ断絶があるのだ。それゆえに図6の三代の系譜「（不明）―ヲトヨ―タケイナダネ」は余計に何か操作されたかのような不自然さを覚えさせられるのである。

①②③のたったこれだけの作業で、崇神王統にとって、あくまで主流は「景行天皇ライン」となり、「イニシキイリヒコライン」はまったくの傍系に見えてくる。「景行天皇ライン」の最後に応神天皇が接着され、応神天皇が他系から婿入りした者などとは――しかも百済王子の昆支であるなどとは――つゆほども思われない。

尾張連氏はシリツキトメを提供してくれた有力な姻戚というわけだが、実際にイホキイリヒコが嫁（シリツキトメのモデル人物）を取った家は任那勢力のうちの王侯貴族（高級武官）系の支族（実質ナンバー2の家柄）だと私は考えているけれど、そこの棟梁（尾綱根のモデル人物）が後年、尾張連氏を中京エリアで発展させたと見て取ることができる。

さて、①に関してとくに補足説明すると、私が後づけされた系譜だと見る景行（オホタラシヒコ）が、イニシキイリヒコの「同母の弟」であるというところが絶対的に引っかかるわけである。これ以上にわかりやすい造作感もない。そう弟だとして「設定」して系図に接ぎ木してしまえば、そのままで本家を名乗れるわけだから（そして実際に「景行天皇」にさせられている）。「イニシキイリヒコ・景行天皇・ワカキニイリビコ」の三兄弟（ほかにも兄弟はいるけれど）は、真ん中の景行だけが嘘（フェイク）臭いわけである。その結果は、見てきたように、結節点として接ぎ木されて最大効果を生み、応神天皇を「男系」へと取りこんでしまうということに大成功した。

その接ぎ木を取り去ってしまえば、イニシキイリヒコ以降の四代が尾張連氏や濃尾とからんだ「表の姿」をまといながらも、その実、「真の皇統」とまさにからんでくるという「裏の姿」いや「真の姿」も透かし見えてくるはずだ。そこには「日神」であるニギハヤヒ（＝ホアカリ）をまとった真の王統の姿が据えられ、アマテラス設定以前の渡来勢力の皇統が復元される。まさに現皇統譜は、裏読みさえできれば、「イニシキイリヒコライン＋尾張連氏」と相即しており、近接しているばかりか相互に融合しているようなものだと私は見ているわけである。

この推定どおりなら、タケイナダネの実像の一部もまた、景行の姿や事績に投影したとも考えられる。たとえばタケイナダネの妻・玉姫は丹羽郡（犬山市）出身であり、景行の皇后・八坂入媛命が美濃出身であることも記述した。ともに「濃尾出自の妻」が鍵になっていることも私見への傍証になるだろう。

先にあげたように、尾張連氏の女ミヤズヒメ（タケイナダネの妹）はヤマトタケルの妻のひとりである（のちにミヤズヒメが草薙剣を奉斎して、それが熱田神宮の起源にもなる）。ただ、ヤマトタケルは架空のシンボリックな存在にすぎないため、たとえばだが実際にはミヤズヒメは同じ渡来勢力内の王であるイニシキイリヒコと通婚していたという事実なども想定することができる（両者は同世代）。そこから「濃尾つながり」でミヤズヒメは景行の皇后（美濃出身）のモデルのひとりになった可能性すら出てくる。

このように「尾張連氏の女」は皇統譜とつながっている分、謎を解くマスターキーにもなっており、婚姻モデル、関係モデルとしてその事実関係から皇統譜に加工・架上されていった可能性も大いに高いのである。

律令国家の編史官たちは、現在の皇統譜や周辺系図を定める際に、イホキイリヒコとシリツキトメの婚姻関係を最大限に使うことで、シリツキトメ（おそらく任那勢力の傍系）の親世代以前を「尾張連氏」の直系として仮構していった（図6）。実際には、その親世代は渡来王権の中心近くにいた支族のようなものだろうから、最初からは「尾張連氏」の名前はなかったはずだということを言いたいのである（細かい話だが）。

ヲトヨの父の不在という造作感も、ニギハヤヒとつながる〝第一降臨氏族〟としての尾張連氏の「格」も、ホムダマワカの存在を『日本書紀』が消したことも、意図的か無意識的かはわからないが、後世に結果、残され伝わっていった。おかげで崇神王家と尾張連氏が近接しているばかりかほぼ融合しかけている状況がここまで再現できてくる、しかもごくシンプルな見立てと操作だけでだ。同時にまたわかるのは、系図の最後に来る応神がいかに「女系」大王であったかというその姿である。なんとしてでも、崇神王朝と応神天皇が「男系」としてつながるように細工することこそが、古代に歴史を編んだ者たちの至上命題だったからである。

なお上の系図にもある尾綱根（シリツキトメの兄）は崇神王家に連なる者というより、純然たる尾張連氏の本家の棟梁ということであろう。あと念のために言うと、尾張連氏の祖神であるニギハヤヒ（＝ホアカリ）は、崇神王家から移されたわけでは別になく、本来が崇神王家も尾張連氏も加耶系渡来勢力であってみれば、尾張連氏の祖神も当初から「日神」としてのニギハヤヒだった。

尾張連氏の秘せられた古代王朝とのかかわりについて、最後にちょっとした傍証をつけ加えよう。古代天皇にはそれぞれが営んだ皇居（宮）があるわけだが、崇神のそれは磯城瑞籬宮《しきみずかきのみや》とされ、桜井市にある志貴御県坐神社《しきのみあがたみます》がこの磯城瑞籬宮伝承地となっている（石碑も建つ）。この神社を奉祭していた志貴連氏がニギハヤヒの後裔そのものであって（『新撰姓氏録』）、おそらく尾張連氏とともに崇神王家を支える支族であっただろう。神社の祭神についてもニギハヤヒ説すらあることも付加しておきたい。ニギハヤヒはあくまで物部＝尾張連系の人物なので、通常は崇神天皇とからむことはないわけだが、崇神の本拠をこうしてのぞいてみればすっかり「ニギハヤヒ――崇神」の系譜が透かし見えるというわけだ。思いがけないこうした傍証すら転がり出てくると。

崇神を遡行していっても「アマテラスへの通路」はなかなか見えてこないが、日神としてのニギハヤヒ（＝ホアカリ）へ通じる道は、このようにたやすく見つかるわけである。
それほど崇神天皇と最初の降臨者ニギハヤヒは切っても切れないものなのだ。

「日神」＝アマテルが蘇るために――尾張連氏へもっとスポットライトを！

この終章で私が見て取り、展開してきたことは、特別に妙な小細工を弄したものではない、ということが読者に伝わっているであろうか？　しごくシンプルな構造分析をおこない、系図上の引き算をして、そのモデルを見定めているだけなのだ。

大王家（天皇家）よりも「先」に来たというこの氏族集団――つまり第一の天孫族――については、なぜか学界からのアプローチも鈍く、もどかしいところがある。『先代旧事本紀《せんだいくじほんぎ》』（物部氏や尾張連氏の記録が多い歴史書）や国宝の「海部《あまべ》氏系図」（附の「勘注系図」含む）などにも尾張連氏・物部氏に対しての言い伝えや系譜が数多く記載されているにもかかわらず、ソコを語るのはまるでタブーであるかのようだ。

秘せられたものに対しての忖度すら覚えるところでもあり、その分、尾張連氏らの研究は空白地帯となっているため、石渡信一郎のような直球勝負のできる研究家こそが、面目躍如たる成果を収めてきたという皮肉な事態となってきた。さらに私が本書で展開してきたように分け入って、尾張連氏の系図的な構造――天皇家との近接・融合関係ぶり――をあぶり出してみた。

天磐船に乗って河上哮峯《いかるがのみね》（交野市）に天降ったというニギハヤヒの伝承を、もちろんそのまま信じるわけではないけれど、渡来系の崇神王家がヤマトに到る前段階では、吉備路から大阪平野にかけてその両方に拠点を持った。ニギハヤヒの事績にちなんだ磐船神社が交野市に位置することや、物部・穂積氏の拠点が大和国十市《とおち》郡や山辺郡にあった史実も視野に入れておきたい。それらの地点も重要な進出ルート上の拠点であるはずだ。

ヤマト入りした崇神王家は、以後、「日神＝ホアカリ」を奉祭する自らの関連氏族たち（物部、海部、穂積ら）ともども畿内に根を張る。とくに河内国南部と接する大和国葛城の高尾張（葛城市）のエリアには「尾張」の名も残っており、ヤマトだけではなく葛城山麓にも別途、準本拠地を築いていった。たとえば、やはりホアカリを奉じる丹比氏や笛吹氏はこのあたりが本拠である。

渡来勢力はヤマトの情勢が落ち着いたあと、ようやく、そして改めて、西の大阪平野を意識した。つまり河内湖が当時横たわっていた大阪平野の大開拓事業に乗り出してゆくことになった（イニシキイリヒコ＝讃の時代に大きく土木事業は進行したのではないかと先に具体例を書いた）。

尾張連氏は名前からどうしても愛知県「尾張」との関係に焦点があてられてしまう一族であるけれど、それだけのスケールにはどうあってもおさまらない。その本質として、最初の降臨者たるニギハヤヒ（＝ホアカリ）を祖神に持つ尾張連氏もまた、ヤマトという日本の「まほろば」に勢力を張った旧大王家の勢力（王侯貴族）にほかならないのである。崇神王家の後身（傍系）であるのちの尾張連氏（尾綱根《おづなね》以降）はたしかに尾張地方にも勢力を張ったとはいえ、もとは畿内で権勢を誇っていたはずである。見てきたように、景行、イニシキイリヒコ、イホキイリヒコら「中央」の天皇と皇族の事績が尾張地方でそれぞれ見受けられることが、この真相を逆照射していると言えるだろう。

アマテラスですら、『日本書紀』の異伝では「日神」と記されているように、古代日本の皇祖神にはアマテラスの前に別の「日神」がいたということが、先述した溝口説のおかげもあって定着してきた。その日神を常識的に古代神話から割り出せば、このニギハヤヒ（＝ホアカリ）にほかならない。

ニギハヤヒではなく、ホアカリ自体は『古事記』では天孫ニニギの「兄」、『日本書紀』の一書第六と第八でもニニギの「兄」とされているが、『日本書紀』本文分注にはニニギの「子」（第三子）として記されており、ホアカリの存在を律令国家がどうしても無視できず、古代天皇家にすでに組みこんでいた事実は否定しようがない。たとえば一書第八ではホアカリの名称が「天照国照彦《あまてるくにてるひこ》火明命《ほのあかりのみこと》」（尾張連氏の遠祖）とあって、アマテラス以前の「アマテル」としての日神であることを自ら主張し立証している。

したがって半島経由したこの神の奉祭者である（系図上の）尾張連氏、そしてその尾張連氏と渾然一体となっていた崇神王統こそが加耶系の任那勢力であることに、いっそうの信憑性が増してくるはずなのである。

アマテラスではなく、「日神」を蘇らせるためには、脇に置かれている観のある尾張連氏に対してスポットライトをあてなくてはならない。そこにこそ古代天皇家の秘密が眠っており、筆者なりにそこを焦点化してきた次第である。実は本当の「日神の問題」はうっとうしいほど複雑な様相を呈しているものであって、私の第三作目のテーマの一つとして構想している段階である。が、本作では書きたい事柄はほぼ書きえたので、ここでいったん筆を措く。

エピローグ――崇神王朝の大阪平野開拓と「昆支」の登場

3世紀以前の辰王から始まった長い時間旅行のような行論であったが、ようやく4世紀のヤマトの地にまでたどり着いた。本書を書きはじめる前から、この長い旅の道のりを描くのはなまなかのことではないと思っていたので、こうしてゴールにまで到着したのはホッとしたし、感無量というところである。詰め将棋のような私のしつこい方法と領分は多少とも発揮できたような気がする。

エピローグでは、4世紀後半に建国された任那系の倭国すなわちヤマト王権が、その後、どういう変遷をたどったかという概要を示しておくことにする。とくに石渡本や私の前著を読んでいない方には「その後」が気になるところであろう。

崇神王朝は、崇神天皇、垂仁天皇、讃（＝イニシキイリヒコ）、珍（＝ワカキニイリヒコ）、済（＝ホムダマワカ）、興（＝凡連）、そして「入り婿」としての外来の応神天皇（＝武）というふうに移ってゆく。その途次に「倭国」として宋（『宋書』倭国伝）から正式に認証されたことは本文で記したとおりだ。

三輪王朝とも称されるヤマト王権は、海水面も近く足場の悪い大阪（河内）平野を避けて、内陸のヤマトに王宮を営んだ。だが、奈良盆地は豊かで美しい「国のまほろば」であるものの、王権の内部で広い土地をめざすような声があがったはずだ。折しも技術力の向上のほか、渡来勢力のマンパワーも大きく頼りになるため、大阪平野に対する一大土木事業に大々的にヤマト王権は邁進してゆくことになった。今の大阪は古代は「河内湾」だったから、そもそも舟で行き来するような地方だった。だが徐々に大阪の地も淀川や旧大和川から吐き出された土砂で埋められ、巨大な湿地へと姿を変えていった。そこから沖積層が形成されてゆく。土地改良が進めば、港・水路も備えた豊かな大阪平野が出現する。この新時代にも最新の技術が役に立った。それが開墾・農業用のU字鍬《くわ》（鋤《すき》）のような各種の朝鮮半島系の鉄製農具であり、それを運用する土木や灌漑・排水技術である。またもやここでも半島由来のものが登場してくるのは、第1章でふれたように大量の渡来勢力がいたからであって、必然のなりゆきである。

たとえば補足するなら、中沢新一も、この古代大阪の巨大ラグーン「河内潟」を水田開発へと仕向けたリーダーが、太陽信仰をいただく物部氏＝《倭人系海人》であると明言している。異なったアプローチを採りながら、石渡とほぼ同じ方向性で、《河内の王》としての物部氏の重要性を中沢は語っているわけである（『アースダイバー　神社編』）。物部氏は、尾張連氏ともども日神を奉祭する崇神王朝の支族であることは私が本論で展開してきたとおりだ。

こうした土木事業は崇神王朝の比較的初期からおこなわれていたとは思われるが、史料から考えると、第4章でも大いに書き綴ってきた讃（イニシキイリヒコ）の時代にはすでに号令がかけられ、政治的に主導されたと見ている。その後、とくに済（＝ホムダマワカ）の時代はこの開拓がもっとも功を奏してきた時期である。済の子の興、そして興の義理の弟である武（＝応神天皇）の時代には、それまでの大阪平野開拓を引き継ぐように、より大規模な治水事業が進行していった。というのも、『日本書紀』応神紀には渡来人を率いて池を整備する状況などが活写されており、まさに公共事業はピークを迎えたと確言できるからだ。

　これらの巨大工事を経るなか土砂の処理にも人民たちが慣れ、あの大規模な「巨大古墳の時代」がやってくる（世界文化遺産登録となった「百舌鳥・古市古墳群」のことである）。たとえば、札幌の雪まつりは、捨て場に困った大量の雪を処理するためのものだったという一説も有力であるように、作業中の土砂を古墳築造に生かしたのはまちがいない。王墓＝天皇陵が大阪へと移動してゆくのもよくわかる。石渡は、崇神の王墓を箸墓に、垂仁の王墓を渋谷向山《しぶたにむかいやま》古墳（天理市／通説は景行天皇陵）に、讃（＝イニシキイリヒコ）の墓を行燈山《あんどんやま》古墳（天理市）に、珍（＝ワカキニイリヒコ）の王墓を五《ご》社《さ》神《し》古墳（奈良市　佐紀《さき》盾列《たてなみ》古墳群）に、済（＝ホムダマワカ）の王墓を仲津山《なかつやま》古墳（藤井寺市　古市古墳群）に、興（＝凡連《おおしのむらじ》）の王墓を石津ケ丘《いしづがおか》古墳（上石津ミサンザイ古墳　百舌古墳群／通説は履中天皇陵）へ、とそれぞれ比定しており、私も同意する。

　応神天皇が即位する前の5世紀後半は、興も倒れ、倭の国力も弱まった時期であった。当然ながら、応神は興から王権を簒奪したわけではなく、その前の済ですら事前（生前）に応神による政権継承を認めていた節があると思われるほど、昆支（＝応神）は順調に王権を継いだはずである（それを面白からぬと感じる近親者の勢力――たとえば義理の兄弟のオシクマなど――が反乱の一つや二つを起こしたことは十分に考えられるけれど）。これは政権交替でもあるが、実質、血族ではないが親族間（姻族）で権力の移動があったにすぎぬ、ごくスムーズなものだ。

昆支こと応神は、『日本書紀』によれば461年の雄略時代に来倭していることがわかっている。雄略天皇は架空の天皇だからもちろん不在だが、『書紀』は「応神天皇＝昆支＝倭王武」の事実を知っているため、雄略を武にかぶせてゆく造作をおこなった。古代史に詳しい読者は、応神の『書紀』での生没年とこの昆支活躍の時期が合わないと指摘されるかもしれないが、それはあっさりと説明可能だ。神功皇后紀、応神紀には、干支を三運（一運六〇年×三＝一八〇年）上げて事実を記載する例も多く、「西暦200年～310年」が生没年であるとされる応神も、一八〇年を加算すれば、実際に活躍した応神時代が5世紀であった事実が浮上する。だからこの西暦310年に一八〇年を足した数字、5世紀の末ごろには羽曳野市の誉田山古墳（応神陵）も築造が進んだはずで、6世紀初頭ぐらいの築造年度と石渡は見ている。現状の誉田山古墳の築造年の見立ては5世紀前半から半ばがせいぜいのところなのでまだ「古すぎる」というわけである。

昆支が来倭したことの経緯はじめ、昆支という人物の来歴、誉田山古墳の秘密などなどは、前著に詳細に記したとおりなので繰り返さない。が、改めてアピールしたいことは、昆支を国宝「隅田八幡神社人物画像鏡」における「日十大王」その人であると見た石渡の卓見に対して、私が「日十大王の暗号」という言い方で、そこの核心とプロセスに迫った部分である。「応神＝昆支＝日十大王」という石渡の出した〝最適解〟は私の解読でいっそう確かなものとなったはずだ。

「応神天皇＝昆支＝日十大王」が確立して世に流通しさえすれば、糸がからまってしまっている古代史の謎がするするとほどけて全体像が見えてくる。「斯麻」（＝百済武寧王のこと）はじめ百済色の強い人物名が銘文に多く登場する隅田八幡鏡の解読は、石渡のアプローチ以外では成功するわけもなかったし、石渡理論の説得力を最大化させたものである。

また同じく銘文にある「癸未年《きび》」も昨今では503年説が主流・定石となり(443年説はもはや退潮した)、われわれ石渡派にもずいぶんと追い風になっている。今後もこの真相については別の観点からも吟味し、世に問うてゆけたらと考えている次第である。

昆支なきのちの世は、隅田八幡鏡に刻まれた別の人物「男弟王」すなわち男大迹《をほと》天皇こと継体天皇が、「昆支の弟」として継いでゆくことになった。「兄の王」である日十大王が応神天皇となって、その王墓として誉田山古墳が築かれた。そして「弟(の)王」である継体天皇の王墓が大仙陵古墳である。大阪の「二大巨大古墳」の被葬者たちをだれに相当させるのかに学界はずっと苦しんできたようなものだが、この「真説」ほどしっくり来るものがない。

そして、最後にもう一言。継体天皇の次の時代、すなわち欽明天皇時代の西暦532年には、半島南端のあの金官国はついに滅びる。それを受けて、以後のヤマト王権では「任那復興」を執念のように政治課題として立ち上げてゆく重大な事実と経過があるのだ。日本における古代国家形成の鍵は「任那」にほかならないというまさに核心部であり、その所以である。

あとがき

令和元年に本企画が通り、新刊を世に問えたのはまことに幸いなことであると思います。実際に改元されて「時代」の様相がそうガラ変わりするわけもないのですが、元号は古代天皇とのかかわりも深く、日本人の多く（小学生ぐらいも含めて）が新元号をきっかけに、歴史的な由来や古代天皇家について、はたまた象徴天皇制の新段階についてだったりと、思いを致すことができれば十分です（変に新元号を利用しようという考えの向きにだけは要注意だと思ったものですが）。

私は古代史の研究家である前は編集者兼で批評もかじっていたものですから、ついつい歴史修正主義者などの言説には口を出したくなってしまうわけですけれど、本書をここまで読み進めた方ならおわかりかもしれませんが、近現代の「天皇制」についてのナマ臭い政治向きのお話はふだんからしないようにしています。昨今の「男系」や女性天皇や女系天皇の話も同様に、です。ただただ古代史の「ニューノーマル」（新常識、新常態）を世に訴えて、定着を図りたい、というのが本書の大いなる望みでした。現状の歴史学や理論における理不尽な通念や常識にツッコミを入れつつ、石渡理論とともに私も自説を大いに繰り出してみた次第です。

こうした固着したような〝教科書史観〟への異議申し立てをつづけていると、それでも時折、時空を「またがった」ようなこういう質問を受けることがあります。「仲島さんの研究は面白いけど、結局、今の皇室との関係はどうなの？」という核心的な問いです。

普通、よほどの歴史好きや数寄者《すき》でもないかぎり、興味のある（知っている）天皇というのはごく限定されたものでしょう。明治天皇以来の数代の天皇だったり、まれに孝明天皇のことなどを持ち出す「幕末好き」の人にもよく出版界ではお目にかかりました。また、飛び石のように、仁徳から推古、天智・天武、聖武、桓武……後醍醐天皇というふうにつづけて把握している方も多いものです（日本史の重要年表をたどる感じ）。天智・天武・持統などの色恋も含めた軋轢を、昨今の素晴らしい古代史漫画の影響もあって、細部の小ネタや親戚などを知っている女性と会うこともあって、驚かされることもあります。

それでは、中世の天皇たちのこんな不思議な「システム」を知っているでしょうか？　私が二十代前半に夢中になった『宴の身体』（松岡心平）という本（岩波書店）には、摂関体制期や院政開始後における天皇即位年齢などについて語られています。この時の一群の天皇たちを「幼童天皇」と氏は位置づけています。実に「少年天皇」ばかりが次々と即位し十代で在位していたことを私ははじめて知りました（平均即位が八歳という院政開始後の平均値の研究も述べられています）。宗教的・観念的権威としてのみ天皇は見なされ、現実的な政治は貴族（藤原氏）や院などの「権門」がコミットしていたという文脈がそこで生まれます。

なぜ、そこまで天皇は尊ばれつつもまるで《密室隔離され》るかのように避けられたのでしょう？古代・中古以来の日本人ならではの政教分離的な方策は興味深いテーマです。この《純粋権威》

（松岡）について、氏は黒田俊雄の解釈などを示しています。それは、当時の中世の幼童天皇たちがそれぞれ《古代専制国家の君主の後裔》（『日本中世の国家と宗教』）であったという一つの考えです。今の私には、松岡本における華麗な論旨の展開よりも、この黒田引用文の一部《古代専制国家の君主の末裔》という言葉がとても強く印象に残ります。

古代東アジアで窮地に陥りながら国づくりを開始したヤマト王権では、本書で語ってきたように「大王」たちが勇躍しました。が、その後、天皇親政の御世はとっとと過ぎ去り、権力は薄められ、権威としてのみマツリゴトに取りこまれました。次なる古代から中世の長い時代にかけて、日本の皇室は《古代専制国家の君主の後裔》である事実で尊崇され、いやさかに権威づけられたというわけです（その理由を知りたい方は、黒田氏や松岡氏の本を読んでみてください）。

私は右も左も嫌いな、単なる心情左翼――それも環境問題に関心があるという程度の――ですけれど、現在の上皇陛下や天皇陛下らの皇室ファミリーにはとても好感をいだいています。正直に言えば、彼らが古代専制国家の君主の末裔である――という意識で今の皇室を眺めたことはありません。ただし、神武やら綏靖やらとつながっているというふうに考えたことは全然ありません。そちらはまったくの幻想ですから。

なんでもかんでも「渡来王朝説」が気に入らないという人への解毒剤として、こうした黒田引用文を、私は皮肉ではなく紹介してみたいわけです。別に神武天皇からスタートしなきゃダメというわけでもないだろうし、崇神天皇が外来王であっても、またそこから開始された王統であっても、古代専制国家の君主はこの日本にずっといて、尊崇されてきたわけですから、特段の問題はなかろう?と問いかけたいのです。古代史研究にはイデオロギー抜きで真正面から向きあおうと日本人の多くに声をかけてみたいわけです。なにせ肝心なのは歴史の「古さ」へのオブセッションではなく、真相――歴史の真実なのですから。

歴史研究にはいろんな立場があって、私たちのような渡来説派も、実は「天皇中心の日本史」（李進熙の言葉）を反復し再生産しているのではないか?という批判さえ招きかねないわけなのです。歴史を担ってきたのは天皇だけではありませんから。そこは半ば自戒もこめて、あえて氏の概念もここに記しておきたいと思います。

まことに古代史はじめ、歴史は謎めいた「リアル・ミステリー」です。もとより私も無類のミステリー（推理小説）好きではありますが、ゼロから造作された構築物のあわいに忍ばされた伏線や、浮かび上がってくる最後の真相や伏線回収とやらに、少々辟易《へきえき》してきているのも事実です。私自身が「文学派」のつもりなので、決して回収されない言動や心理のほうが人間には大事だと考えているということもありますし、虚構の世界に張りめぐらせられている意図的な情報の因子を読み解いてゆくよりも、〝生きたテクスト〟たる『古事記』や『日本書紀』や『魏志』（『三国志』魏書）の裏側を読んでゆくほうが「リアル探偵」に近い愉悦があるからでしょうか。

ミステリー好きの方たちとそっちの話で盛り上がるたびに、私はそんな「リアル・ミステリーとしての古代史」の世界にぜひご招待したい、と呼びかけています。

古代史には、「暗号」や謎の文書、仕掛けられた文言、ダイイングメッセージだったりも、それこそ豊富に登場してきます。それらを腑分けしながら、人間の気宇壮大な試みや計画、業や欲や大望、そして優しさや愛なんてものにも、折々遭遇することがあります。それ（ドラマ）が古代東アジアの一角で巻き起こされたことだと考えるのも、また楽しいわけです。さらには研究者の素晴らしい説に眼を洗われたり、時に胸が透くような痛快な思いもします。そのきっかけの一つとして、石渡史学の数々の研究成果は、覿面《てきめん》の上質な好材料になりえます。

孫弟子の私からは、この故石渡信一郎と林順治両氏への感謝と敬愛、いやそれだけではない文字どおりの「ラブ」を書きつけておきたいところです。感謝だけでは足りぬかもということに最近、執筆しながら気づいた次第です。

さらにこのいささか冒険的な著作を刊行することを快諾された海鳴社の皆さんにも、厚く御礼を申し上げます。照り返しのきついうだるような暑さの神田神保町界隈を久しぶりに歩いて、はじめて海鳴社を訪れた体験も、私には印象的な令和元年の真夏の一コマでした。多謝。

【主要参考文献】

『百済から渡来した応神天皇』石渡信一郎（三一書房）
『完本　聖徳太子はいなかった』石渡信一郎（河出文庫）
『日本書紀の秘密』石渡信一郎（三一書房）
『新訂　倭の五王の秘密』石渡信一郎（信和書房）
『蘇我馬子は天皇だった』石渡信一郎（三一書房）
『蘇我氏の実像』石渡信一郎（信和書房）
『日本神話と史実（上・下）』石渡信一郎（信和書房）
『新訂　邪馬台国の都　吉野ヶ里遺跡』石渡信一郎（信和書房）
『日本人の正体』林順治（三五館）
『応神＝ヤマトタケルは朝鮮人だった』林順治（河出書房新社）
『古代七つの金石文』林順治（彩流社）
『日本古代史集中講義』林順治（えにし書房）
『街道をゆく　2』「韓のくに紀行」司馬遼太郎（朝日文庫）
『DNA解析でたどる日本人の源流』斎藤成也（河出書房新社）

主要参考文献

『騎馬民族国家』江上波夫（中公新書）
『日本国家の起源』井上光貞（岩波新書）
『アマテラスの誕生』溝口睦子（岩波新書）
『私の日本古代史（上・下）』上田正昭（新潮社）
『古代朝鮮』井上秀雄（講談社学術文庫）
『（増補版）日本人の起源』埴原和郎　編著（朝日選書）
『日本民族の起源』金関丈夫（法政大学出版局）
『王権誕生』「日本の歴史02」寺沢薫（講談社）
『隋唐帝国と古代朝鮮』礪波護・武田幸男（中公文庫）
『古代の日本と任那』田中俊明（山川出版社）
『騎馬民族の来た道』奥野正男（毎日新聞社）
『朝鮮史』武田幸男　編（山川出版社）
『倭人と韓人』上垣外憲一（講談社学術文庫）
『弥生時代　渡来人から倭人社会へ』片岡宏二（雄山閣）
『モノと技術の古代史』シリーズ　小林正史　編（吉川弘文館）
『日本古代文化の成立』江上波夫・上田正昭　編（毎日新聞社）
『韓国　歴史地図』韓国教員大学歴史研究科　吉田光男　監訳（平凡社）
『新訂　魏志倭人伝・後漢書倭伝・宋書倭国伝・隋書倭国伝』石原道博　編訳（岩波文庫）

『東アジア民族史1』井上秀雄　他　訳注（平凡社　東洋文庫）
『三国史記1～4』金富軾　編（平凡社　東洋文庫）
『日本中世の国家と宗教』黒田俊雄（岩波書店）
『天皇と鍛冶王の伝承』畑井弘（現代思潮社）
『日本語の起源　その具体的全体像』芝烝（三一書房）
『新・騎馬民族征服王朝説』山崎仁礼男（三一書房）
「アースダイバー　神社編」中沢新一（「週刊現代」）
「倭における須恵器生産の開始とその背景」酒井清治
「文献からみた加耶と倭の鉄」鈴木靖民
「伽耶と北日本の間」中村五郎
「日韓交流と渡来人」武末純一
その他、各地の遺跡発掘調査報告書など、多数参照。

著　者：仲島　岳（なかじま　がく）

1968年長野市生まれ。上智大学文学部新聞学科卒。歴史作家＆編集者。出版社時代は、百五十冊余の単行本を担当。

著作に『古代天皇家と『日本書紀』1300年の秘密――応神天皇と「日十大王」の隠された正体』（WAVE出版）がある。他の論文に「三島由紀夫のトピカ」（講談社「群像」新人賞最終候補）、「吉本隆明のいない『共同幻想論』」など。

共著は『アジア映画小事典』佐藤忠男編著（三一書房）に参加など、多数。石渡信一郎史学の関係では『日本人の正体』林順治著（三五館）の編集協力がある。

「倭国」の誕生（「わこく」のたんじょう）
2019年11月26日　第1刷発行

発行所　㈱海鳴社　http://www.kaimeisha.com/
〒101-0065　東京都千代田区西神田２－４－６
Eメール：info@kaimeisha.com
Tel.：03-3262-1967　Fax：03-3234-3643

発 行 人：辻　信行
組　　版：海 鳴 社
印刷・製本：モリモト印刷

出版社コード：1097

ISBN 978-4-87525-348-8